Comunicación y persuasión en entornos digitales

Giovanna Mapelli / Ana Pano Alamán (eds.)

Comunicación y persuasión en entornos digitales

PETER LANG

Berlin - Bruxelles - Chennai - Lausanne - New York - Oxford

Catalogación en publicación de la Biblioteca del Congreso
Para este libro ha sido solicitado un registro en el catálogo CIP de la Biblioteca del Congreso.

Información bibliográfica publicada por la Deutsche Nationalbibliothek
La Deutsche Nationalbibliothek recoge esta publicación en la Deutsche Nationalbibliografie; los datos bibliográficos detallados están disponibles en Internet en http://dnb.d-nb.de.

ISBN 978-3-631-90742-9 (Print)
E-ISBN 978-3-631-90743-6 (E-PDF)
E-ISBN 978-3-631-90744-3 (EPUB)
DOI 10.3726/b21114

Publicado por Peter Lang GmbH, Berlín, Alemania

info@peterlang.com - www.peterlang.com

Esta publicación ha sido revisada por pares.

Índice

Giovanna Mapelli y Ana Pano Alamán

Introducción

La comunicación persuasiva "pretende inducir al interlocutor a adherirse a las propuestas del emisor" (de Santiago 2005: 61), influye "en la psique y la voluntad de los oyentes para hacerles cambiar de opinión consiguiendo también que actúen de una forma determinada" (de Santiago, 2005: 84), y, para ello, se vale de argumentos, innatos y socioculturales, dependiendo de a quién nos dirigimos, y de recursos lingüísticos y no verbales (Fuentes Rodríguez, Alcaide Lara 2002), además de estructuras expresivas macrosintácticas orientadas a la persuasión (Fuentes Rodríguez, Brenes Peña 2023).

Con la llegada de la Web 2.0, que permite una conexión horizontal entre los usuarios y que favorece el desarrollo de una cultura participativa gracias a las wikis, los blogs o a las redes sociales, la retórica digital se enriquece de nuevos instrumentos que pueden ampliar el potencial persuasivo y la capacidad de influencia de los discursos, entre los cuales cabe mencionar la primacía de los dispositivos semióticos visuales, interactivos e intertextuales. Los medios digitales vehiculan e imponen opiniones, crean tendencia y, por ende, merecen un estudio en profundidad para entender los efectos que se producen en los hablantes y cómo orientan el pensamiento del interlocutor.

En los últimos años, los estudios sobre el discurso persuasivo en las redes ha ido fortaleciendo su presencia en las publicaciones científicas, centrándose a menudo en el discurso político-electoral (Mancera Rueda, Pano Alamán 2013; Pellicer García 2021), turístico (Rodríguez Abella 2011, 2012; Sanmartín Sáez 2014; Suau Jiménez 2016; Calvi 2019; Mapelli 2022, 2023) y publicitario (Duque 2021; Mancera Rueda, Pano Alamán 2021).

En estas investigaciones, se exploran las principales estrategias argumentativas y persuasivas adoptadas por los usuarios de las redes sociales y otros medios digitales en los ámbitos mencionados. Por ejemplo, para atraer la atención de nuestros propios contactos en una red social, elaboramos nuestros mensajes estratégicamente empleando distintos recursos verbales (léxico, estructuras sintácticas, ortotipografía) y multimodales (emojis, enlaces, etiquetas, vídeos) que orientan al interlocutor "hacia una forma determinada de entender nuestros enunciados de acuerdo con nuestros propósitos" (Alcaide Lara 2014, 232). Este tipo de estrategias son propias del discurso publicitario, tanto comercial como institucional, dos ámbitos que han debido adaptarse rápidamente a los imperativos de la comunicación 2.0 y que, de hecho, adoptan en las redes estrategias de *marketing* similares.

Uno de los ámbitos en los que el paradigma 2.0 ha traído mayores transformaciones es el de la comunicación política e institucional. Dentro de un paradigma comunicativo dominado por los teléfonos móviles, el discurso político se adapta a formatos breves en los que se integran palabras escritas, imágenes, audios o emojis que constituyen fragmentos de discursos. Cuando los discursos propios de los procesos analógicos que caracterizan la vida política, en los debates parlamentarios o durante las campañas electorales, pasan por procesos de comunicación digital, estos se aceleran, se condensan y fragmentan (Pano Alamán 2019), se desplazan y se fracturan (Gallardo Paúls 2022) con efectos nocivos para las democracias. En definitiva, el discurso político se ajusta a la velocidad de lo digital con formas hipermediatizadas y pildorizadas (Slimovich 2016).

Los discursos políticos gravitan en torno al polo de la inmediatez comunicativa que se manifiesta en el empleo predominante de un registro coloquial. Los políticos adoptan la braquilogía en perjuicio de discursos amplios y elaborados para adaptarse en un sentido pragmático al espacio breve del tuit, del *tiktok* o de la *publicación*, pero sobre todo al tiempo de vida del mensaje, pues esos enunciados, pensados como eslóganes, titulares y declaraciones, serán comentados, republicados, modificados y distribuidos por otros canales durante pocas horas. Los rasgos del texto digital breve, como su discontinuidad o su carácter elíptico, son categorías de la velocidad de producción y lectura y de la dialogicidad característica de los medios digitales, lo que obliga a recuperar la información implícita en el cotexto inmediato y en el conocimiento compartido con las audiencias. Por otra parte, el mensaje político se diseña para el breve espacio y tiempo de la comunicación móvil en pantalla, mediante estrategias que buscan lograr la síntesis y eficacia de los eslóganes o del *clickbait*, pero que duran poco en la memoria de los destinatarios. Al mismo tiempo, la fragmentación mencionada se relaciona con la presentación de la información en porciones (texto, emojis, imágenes, enlaces, etiquetas, vídeos, fotografías, carteles) que interrumpen el flujo comunicativo (Pano Alamán 2019).

El impacto del mensaje político-institucional y electoral se mide actualmente en *reacciones* por parte de los propios seguidores y por la audiencia imaginada en una determinada red. Comprimir y fragmentar el mensaje político parece responder no solo a las exigencias de la pantalla sino también a la urgencia con la que la tecnología móvil apela al *me gusta* o *comparte*. El discurso político en entornos digitales se conecta, de hecho, con un discurso político actual en el que la información se apoya en pocas y contundentes palabras, en un *discurso pseudopolítico* (Gallardo Paúls y Enguix Oliver 2016) que se relaciona con un personalismo narcisista de los representantes políticos, una espectacularización en los medios y una desideologización en el discurso ciudadano.

La posibilidad de publicar contenidos multimedia amplía los significados del mensaje político y expone a los políticos al comentario inmediato, sin intermediación, no solo de lo que dicen en esa red sino también de lo que han dicho o hecho en otro lugar y momento, en un acto de enunciación permanente. Los comentarios pueden provenir no solo de otros políticos y periodistas, como ha sido siempre a través de los medios y géneros de la comunicación política tradicionales, sino también de los ciudadanos. Se producen entonces interacciones verbales polilógicas que favorecen la emergencia en las pantallas de conversaciones múltiples, lo que contribuye a disminuir la focalización colectiva sobre lo dicho inicialmente por la instancia política, de tal manera que sus palabras e imágenes se dispersan y aparecen y desaparecen en esos espacios de forma intermitente.

En Mancera Rueda y Pano Alamán (2013) señalamos que la capacidad de Twitter y de otras plataformas de redes para generar debate colocando un tema en la agenda o en la opinión pública atrajo enseguida el interés del mundo político y mediático. Esta sigue siendo una de las plataformas más empleadas para la comunicación política e institucional por su capacidad de viralizar mensajes a nivel mundial. Quizá por este motivo, la mayor parte de los estudios relacionados con el discurso público en las redes se centra en el microblog y en la comunicación política y electoral, a pesar de que existen análisis de corte lingüístico sobre el empleo de blogs, Facebook, Telegram, WhatsApp y LinkedIn con fines político-electorales (Ibarra Herrera 2018; Cano Orón *et al.* 2021; Crespo Martínez *et al.* 2022, entre otros). Como señalan estas investigaciones, los políticos y partidos, tanto en periodos electorales como durante la actividad parlamentaria, emplean estrategias de persuasión similares a las que se observan en géneros como el debate o el mitin electoral, en la medida en que intentan publicitar las acciones que se adoptan desde el gobierno o la oposición, legitimizar sus propuestas ante los adversarios y mantener y reforzar la adhesión por parte de la ciudadanía. En todo caso, se observa el empleo preferencial de un registro lingüístico que mezcla lo formal en mensajes más institucionales con función informativa, con lo coloquial, cuando el enunciador político busca ganarse a los usuarios con fines marcadamente persuasivos. En este sentido, la coloquialización permite acercarse al ciudadano de a pie, lo que ha llevado a hablar de *retóricas de la proximidad* (Qués 2012). Los mensajes buscan promover la cercanía y la proximidad con el ciudadano mediante estrategias como el tuteo, los actos exhortativos, el empleo de un léxico común, a través de dispositivos típicos del discurso digital como los emojis. Asimismo, se asiste a un cambio estructural en la comunicación política que se relaciona con la necesidad de atraer la atención del público y generar una reacción permanente, posiblemente simultánea en distintas plataformas.

Las estrategias de persuasión y de seducción adoptadas apelan a las emociones de los *seguidores* mediante el uso de metáforas, estructuras paralelísticas, el recurso a otras voces y las preguntas que buscan enfatizar lo dicho por los miembros del propio partido y desmontar las tácticas del adversario. El discurso político, como enunciación esencialmente polémica dirigida hacia un adversario, se orienta también en los entornos digitales en favor de lo que dice el propio partido, al que se alaba con actos de refuerzo de lo que este dice o hace; y en contra del oponente político, al que se suele atacar mediante actos descorteses de amenaza a su imagen.

Los líderes y partidos que adaptan sus mensajes a los contextos mediáticos digitales emplean también estratégicamente las menciones, las etiquetas, los enlaces externos, las fotografías y vídeos incrustados, los botones *me gusta*, *comparte*, etc. No obstante, a menudo dejan de lado el potencial *conversacional* de la red, puesto que la interacción entre estos y los ciudadanos se produce raramente. El enunciador político no suele compartir informaciones o datos que provengan de sus *seguidores* o de otros usuarios, a menos que no se trate de militantes de partido o de periodistas con una ideología afín. Pocas veces comparten mensajes o mencionan perfiles que no estén directamente involucrados en sus campañas o en sus actividades. En efecto, los comentarios de apoyo y los cumplidos, así como las críticas más o menos agresivas que un político recibe en su perfil a modo de *comentario* o *respuesta* muestran cómo en las redes se fomenta, por un lado, la afiliación exacerbada entre quienes comparten los mismos valores o intereses, y la refractariedad hacia las posiciones o las ideas que no se comparten, alimentando un discurso polarizado. Estas dinámicas refuerzan las preferencias políticas preexistentes, de ahí que los enunciadores políticos tiendan a seguir, mencionar, retuitear o dialogar con perfiles *amigos* y eviten hacerlo con quienes pueden revelarse dañinos para la propia estrategia comunicativa. De todos modos, buena parte de la comunicación política actual busca alcanzar a un público heterogéneo. De ahí que, para ser comunicativamente eficaces y llegar a las audiencias más amplias y al mayor número de *likes*, los políticos tengan que desplegar una gran variedad de habilidades comunicativas.

En los numerosos blogs dedicados a ofrecer consejos para trasladar las propias estrategias de promoción y venta a las redes, la mercadotecnia 2.0 se centra fundamentalmente en el cliente, con el objeto de establecer un *vínculo emocional* entre este y el producto o servicio que se ofrece. El consumidor, que ahora es *prosumidor*, se coloca, pues, en el punto focal de la empresa o de la institución. De ahí que las funciones del *Community Manager* (CM) o gestor de comunidades en redes sean favorecer un mayor conocimiento de la marca entre los usuarios, *escuchar* al cliente, esto es, seguir lo que dice o escribe sobre la marca y utilizar las redes como medios de atención al público y de configuración de la propia identidad corporativa (Varo 2022).

En la actualidad, no se pretende solamente convencer al cliente para que adquiera un determinado servicio o producto, sino que también es necesario alcanzar un buen nivel de fidelización. Gracias a los dispositivos multimodales de las plataformas, se busca que ese cliente pueda difundir o viralizar el mensaje de la marca entre sus propios seguidores. Siendo al mismo tiempo un productor de contenidos en la red, el usuario que sigue a una empresa y que recibe sus mensajes, puede indicar a los demás si le *gustan* o no dichos mensajes y por qué, lo que los convierte en *embajadores de marca* entre sus círculos cercanos, fomentando lo que se ha llamado boca a boca digital (Mancera Rueda y Pano Alamán 2021). Y es que, prácticamente todos los espacios virtuales a través de los que compramos un producto o un servicio dan la posibilidad de evaluar o dejar un comentario sobre cómo ha ido la transacción y sobre nuestro nivel de (in)satisfacción. En este sentido, cabe mencionar las reseñas de TripAdvisor, un género digital que muestra la importancia que tiene la opinión del consumidor para cualquier marca (Hidalgo Downing 2020). En este contexto es esencial tener en cuenta que las redes sociales están pensadas para que el usuario reaccione, comente, critique o alabe cualquier iniciativa promocional. De ahí que los objetivos del emisor persuasivo digital sean alimentar una imagen positiva de sí e incrementar la interacción con las audiencias y la permanencia de estas en los espacios en línea, beneficiándose del contenido que publican los usuarios a través de opiniones, menciones y reacciones de distinta índole tanto positivas como negativas.

Para evitar que se difundan las valoraciones negativas, las empresas invierten en minería de datos para analizar la retroalimentación que generan sus mensajes y responder mediante una estrategia coherente a las preguntas y comentarios que les llegan. No obstante, como se ha dicho a propósito de algunas redes sociales (Moyaert *et al.* 2021), las empresas contestan raramente a los usuarios. Generalmente, publican disculpas (Fernández Vallejo 2017) adoptando una actitud más informativa que interactiva.

Los estudios sobre las estrategias persuasivas adoptadas por las empresas y las instituciones en entornos digitales en español apuntan a una tendencia por parte de estos enunciadores a privilegiar la apelación a las emociones, con el objeto de fomentar la relación de proximidad y la participación. En los perfiles de las marcas abunda la inclusión de imágenes, vídeos y juegos que alimentan la interactividad y buscan generar una emoción positiva con respecto a la marca. El contenido, a menudo humorístico, y la experiencia lúdica contribuyen a vehicular una percepción positiva de la marca, sobre todo entre las audiencias jóvenes, empleando preferentemente un registro coloquial (Robles Ávila 2019). En algunos estudios (Mancera Rueda 2020; Bani 2020) se ha mostrado cómo empresas e instituciones españolas adoptan el humor multimodal en Twitter/X con el objetivo de atraer la atención de los usuarios y obtener respuestas o reacciones positivas, además de consolidar su imagen positiva y aumentar el número de *seguidores*.

Por medio de estrategias similares a las de las empresas, las instituciones adoptan fórmulas de interacción con la ciudadanía que se resumen en el concepto de *inbound marketing*[1]. Las webs institucionales, los perfiles en las redes sociales o las aplicaciones de móvil pensadas para entrar en contacto con las administraciones públicas, permiten a las instituciones comunicarse de manera más cercana, transparente y eficaz (Bani 2020). Las redes cambian las relaciones entre sociedad y Estado gracias a la participación, no obstante, los ciudadanos acuden a los entornos digitales como una fuente de información y no como un instrumento para la interacción. En todo caso, el efecto de intermediación se rompe a través de un "lenguaje que intenta acercarse a la vida cotidiana de la audiencia, que busca reducir distancias entre institución y ciudadano, en sus propias formas de habla" (Agudo y Callejo 2019: 228). Asimismo, el mensaje publicitario institucional ha evolucionado adaptándose a los formatos digitales y multimodales a través del empleo extendido de textos breves, la incrustación de vídeos y el uso de las etiquetas o *hashtags* con función persuasiva (Pano Alamán 2021). Por otra parte, se asiste a un cambio gradual en las campañas y en los mensajes que se difunden que afecta a los contenidos, lemas y destinatarios. En este sentido, de nuevo, las estrategias más frecuentes son el empleo de un registro oral coloquial mediante el que enunciador institucional habla directamente al *tú* ciudadano o ciudadana, y la inserción en los mensajes de enlaces, imágenes, etiquetas y vídeos que presentan el contenido de una campaña de carácter social de forma más inmediata, atractiva e interactiva.

1 Guía completa de Comunicación Institucional con Inbound Government (joanmedina.es)

Este es el caso también del discurso institucional de promoción del patrimonio dentro de los macrogéneros textuales propios del discurso del turismo (Calvi 2016). Véanse los perfiles que instituciones de promoción turística como los ayuntamientos de Madrid o Sevilla (González García 2013) o los museos (Hernández Toribio y Deltell 2021) gestionan en Twitter o TikTok. En estos casos, a los rasgos ya identificados en el discurso turístico digital propio de los viajeros, se añaden estrategias innovadoras de narrativa transmedia que ponen en contraste música e imagen en vídeos dinámicos con el objeto de "visibilizar lo oculto y subvertir el relato tradicional" (Martín Sanz 2022).

Las modalidades de persuasión que permiten atraer a los usuarios en los entornos digitales y convencerlos para que se adhieran a una campaña que invita, por ejemplo, a vacunarse o a respetar el medio ambiente, son parecidas a las que adoptan entidades como las organizaciones no gubernamentales, las fundaciones o las asociaciones sin ánimo de lucro. Por ejemplo, el discurso sobre la pandemia en Twitter en los perfiles de diversas ONGs presenta cambios en función de su estatuto jurídico y de su mayor o menor grado de institucionalización, un aspecto que se refleja en un discurso autorreferencial, más sometido a la lógica publicitaria (Sánchez-Saus *et al.* 2021).

En este volumen nos proponemos reflexionar y aportar nuevos datos sobre los aspectos metodológicos, lingüísticos y multimodales de los discursos persuasivos en entornos digitales, combinando múltiples enfoques (análisis del discurso, lingüística de corpus y pragmática) y ampliando y profundizando la investigación en diferentes ámbitos profesionales (institucional, político-electoral, empresarial, promocional y de las ONGs).

Sonia Madrid-Cánovas y Beatriz Gallardo-Paúls investigan de manera contrastiva los mecanismos de cita explícitos en perfiles gubernamentales franceses y españoles. Su análisis se centra en la cita digital que se manifiesta a través de hipervínculos y de retuits y en las citas textuales. Observan que las cuentas gubernamentales estructuran sus tuits con ampliaciones textuales de imagen, texto, vídeo y enlaces web, en cambio, la cita textual se utiliza de manera expresiva o informativa. Detectan también una nueva forma de cita mixta sin los recursos formales del estilo indirecto ni el entrecomillado del estilo directo.

Ana Mancera Rueda aborda las estrategias persuasivas de internautas españoles de Instagram, a través de las categorías del estilo humorístico. La autora concluye que se recurre al humor, por una parte, con fines publicitarios, de autoimagen o exhibición física y, por otra parte, se emplea el humor afiliativo, reafirmativo o autodespreciativo para distintos propósitos, también para reforzar el endogrupo y crear solidaridad entre los usuarios

Sara Piccioni se enfoca en las narrativas en primera persona como mecanismos persuasivos en el discurso sobre el cambio climático de ONGs, instituciones y empresas. Identifica micronarrativas optimistas y pesimistas, y resalta la diferencia de frecuencia entre ONGs y las otras dos categorías. Las ONGs usan las narrativas optimistas para empoderar y las pesimistas para generar indignación y concienciar, aunque con riesgo de fomentar fatalismo. En cambio, en las instituciones y empresas las micronarrativas desempeñan un papel secundario.

Álvaro Ferré Galvañ y María Teresa Martín Sánchez analizan desde una perspectiva contrastiva las campañas de vacunación en hospitales españoles e italianos. Del estudio sobresale la tendencia en la comunicación española a ser más descriptiva y detallada en los vídeos, mientras que en Italia se prioriza el texto escrito. Ambos países comparten estrategias persuasivas basadas en argumentos emocionales. La sutileza con imágenes y frases de doble sentido es común, pero la estrategia en España destaca por un uso más frecuente de tecnicismos.

Chiara Sinatra explora la interacción conversacional en Twitter/X entre usuarios hispanohablantes y lingüistas de la RAE, analizando relaciones de simetría o asimetría. La autora destaca la presencia de narrativas "identitarias" que responden a proyecciones discursivas asignadas heterónomamente, y observa asimetrías en la descortesía de usuarios y la cortesía institucional de la RAE, lo que marca una "asimetría constitutiva".

Cierra el volumen el trabajo de Ana Pano Alamán en el que se presenta un análisis pragmalingüístico mixto de mecanismos sintácticos de negación en mensajes de líderes políticos españoles en Twitter/X. Se observa un uso predominante de "no" seguido de verbos auxiliares y de "ni", especialmente en líderes de la oposición. La negación metalingüística se utiliza para rechazar el discurso previo del adversario político, siendo predominante en líderes de la oposición y característico de la extrema derecha.

Todas estas contribuciones nos han permitido describir y reflexionar sobre la evolución de las estrategias y recursos discursivos y multimodales en el entorno digital y cómo se adaptan al contexto comunicativo y cultural.

Referencias

Agudo, Y. y Callejo, J. (2019). "Una aproximación integral a la presencia de las administraciones públicas en redes sociales", *Icono14,* 17, 205-230.

Alcaide Lara, E. (2014). "La relación argumentación-(des)cortesía en el discurso persuasivo", *Pragmática Sociocultural* 2, 2, 223-261.

Bani, S. (2020). "La comunicación institucional en las redes sociales: los cuerpos de seguridad en Twitter", *Cuadernos AISPI,* 16, 2, 63-86.

Calvi, M. V. (2016). "Guía de viaje y turismo 2.0: Los borrosos confines de un género", *Ibérica,* 31, 15-38.

Calvi, M.V. (2019). "Oralización y polifonía en la lengua del turismo 2.0: el caso de las plataformas de reserva hotelera", *Normas,* 9, 1-16.

Cano Orón, L., Díez Garrido, M., Renedo Farpón, C. y García Ull, F. J. (2021). "La campaña por mensajería instantánea: uso de los partidos de WhatsApp y Telegram en las elecciones del 28A", en G. López García y E. Campos (eds.), *Redes en campaña: liderazgos y mensajes en las elecciones de 2019.* Madrid, Comunicación Social, 193-214.

Duque, E. (2021). "Oralidad e imagen en el discurso publicitario de las redes sociales", *Oralia,* 24, 2, 233-262.

Fernández Vallejo, A. M. (2017). "La disculpa corporativa a través de Twitter en Iberia y Banco Santander", *ELUA* 31, 151-170.

Fuentes Rodríguez, C. y Brenes Peña, E. eds. (2023). *Macrosintaxis y pragmática del discurso persuasivo.* Pamplona, Eunsa.

Fuentes Rodríguez, C. y Esperanza Alcaide, L. (2002). *Mecanismos lingüísticos de la persuasión.* Madrid, Arco/Libros.

Gallardo Paúls, B. (2022). *Signos rotos. Fracturas de lenguaje en la esfera pública.* Valencia, Tirant lo Blanch.

Gallardo Paúls, B. y Enguix Oliver, S. (2016). *Pseudopolítica: el discurso político en las redes sociales.* Valencia, Universitat de València.

Gónzalez García, V. (2013). "Facebook y discurso turístico: tenor funcional y estrategias pragmalingüísticas en turismo Madrid y turismo Sevilla", en A. Cabedo Nebot, M. J. Aguilar Ruiz y E. López Navarro (eds.), *Estudios de lingüística: investigaciones, propuestas y aplicaciones.* Valencia, Universitat de Valencia, 243-257.

Hernández Toribio, I. y Deltell Escolar, L. (2021). "Museos y comunicación online (Twitter): un análisis pragmático", A. Hernando (ed.), *Nuevos discursos en el español contemporáneo,* Madrid, Visor, 69-92.

Hidalgo Downing, R. (2020). "Variación de estilo en interacciones digitales: huéspedes y hoteles en reseñas TripAdvisor", *Doxa Comunicación,* 31, 361-380.

Ibarra Herrera, D. (2018). "Topoi como recurso argumentativo en comentarios de blogs de tema político en ciberperiódicos chilenos", *Revista Latinoamericana de Estudios del Discurso* 18, 2, 59-76.

Mancera Rueda, A. (2020). "La argumentación lingüística en el discurso promocional difundido a través de la plataforma Change.org", *Cuadernos AISPI,* 16, 2, 87-105.

Mancera Rueda, A. y Pano Alamán, A. (2013). *El discurso político en Twitter.* Barcelona, Anthropos.

Mancera Rueda, A. y Pano Alamán, A. (2021). "La coloquialización del discurso publicitario en Twitter como estrategia de marca", *Oralia*, 24, 263-291.

Mapelli, G. (2022). "Las cadenas hoteleras españolas en Instagram durante la pandemia: análisis de las estrategias lingüísticas", en M. Galiñanes y L. Devilla (eds.), *Le parole del turismo Aspetti linguistici e letterari.* Alessandria, Dell'Orso, 131-146.

Mapelli, G. (2023). "Mecanismos persuasivos en las redes sociales. Las cadenas hoteleras en Instagram", en C. Fuentes Rodríguez y E. Brenes Peña (eds.), *Macrosintaxis y pragmática del discurso persuasivo.* Pamplona, Eunsa, 211-234.

Martín Sanz, Á. (2022). "Yo creo que El Greco se está 'hasiendo' la 'vistima'. Transmedia y 'storytelling' en el TikTok del Museo del Prado", *BiD: textos universitaris de biblioteconomia i documentació*, núm. 48 (junio). https://dx.doi.org/10.1344/ BiD2022.48.19

Moyaert, H., Vangehuchten, L. y Fernández Vallejo, A. (2021), "La estrategia de comunicación de RSC de Iberdrola en Facebook y Twitter", *Revista de la SEECI,* 54, 119-143.

Pano Alamán, A. (2019). "Condensación y fragmentación del discurso político en Twitter", en N. Pelliser Rossell y J. M. Oleaque Moreno (eds.), *Mutaciones discursivas en el siglo XXI: la política en los medios y las redes.* Valencia, Tirant lo Blanch, 75-92.

Pano Alamán, A. (2021). "Los hashtags en el discurso institucional español sobre la Covid-19 en Twitter", *Revista de investigación lingüística,* 24, 1, 47-71.

Pellicer García, L. (coord.) (2021). *El discurso político en las redes sociales.* Monográfico de la *Revista de investigación lingüística,* 24.

Qués, M. E. (2012). "Retóricas de la proximidad: los tweets presidenciales en la Argentina", *Revista Latinoamericana de Opinión Pública,* 2, 2, 241-258.

Robles Ávila, S. (2019). "La publicidad en Twitter: rasgos coloquiales de un mensaje directo al consumidor", en R. Romojaro (ed.), *Las humanidades en el mundo digital.* Valencia, Tirant Humanidades, 181-204.

Rodríguez Abella, R. (2011). "La lengua de la promoción en el sitio www.turismodecanarias.com", en M. V. Calvi y G. Mapelli (eds.), *La lengua del turismo. Géneros discursivos y terminología.* Bern, Peter Lang, 153-175.

Rodríguez Abella, R. (2012). "La lengua de la promoción turística institucional. Análisis del portal www.spain.info", *Pasos. Revista de Turismo y Patrimonio Cultural*, 10, 4, 115-126.

Sánchez-Saus, M., Víctor Marí y Ceballos, G. (2021). "Análisis del discurso solidario de las ONG españolas sobre el coronavirus en Twitter", *Tonos digital*, 41.

Sanmartín Sáez, J. (2014). "A propósito de los cibergéneros: el portal oficial de turismo de España Spain.info y el Facebook institucional See Spain como objeto de análisis", *Lingüística Española Actual*, XXXVI, 1, 5-31.

Santiago Guervós, J. De (2005). *Principios de comunicación persuasiva*. Madrid, Arco/Libros.

Slimovich, A. (2016), "La digitalización de la política y la vuelta de lo televisivo. El caso de los candidatos argentinos en Facebook", *Revista de comunicación*, 15, 111-127.

Suau Jiménez, F. (2016). "What can the discursive construction of stance and engagement voices in traveler forums and tourism promotional websites bring to a cultural, crossgeneric and disciplinary view of interpersonality?", *Ibérica*, 31, 199-220.

Varo, C. (2022). "Estrategias lingüísticas para la construcción y la difusión de la identidad y de la imagen corporativa", *Círculo de lingüística aplicada a la comunicación*, 89, 183-200.

Sonia Madrid-Cánovas y Beatriz Gallardo-Paúls

El discurso referido en la comunicación gubernamental. El uso institucional de Twitter/X en España y Francia

Resumen: Nuestro objetivo es analizar el modo en que ciertos perfiles gubernamentales franceses y españoles utilizan los mecanismos de cita explícitos, tanto en su vertiente formal —pues las redes sociales imponen características y limitaciones propias—, como en las funciones discursivas. Comprobamos cómo el uso gubernamental de las redes sociales se limita, por lo general, a un uso más informativo que comunicativo.

Palabras clave: Discurso referido, cita digital, comunicación gubernamental

Abstract: Our aim is to analyse the way in which certain French and Spanish governmental profiles use explicit quotation mechanisms, both in their formal aspect -since social networks impose their own characteristics and limitations- and in their discursive functions. We have seen how the governmental use of social networks is generally limited to a use that is more informative than communicative.

Keywords: Referenced speech, digital quotation, government communication

1. Planteamiento y objetivos

1.1. El discurso político y gubernamental en Twitter/X[1]

Desde su aparición, las redes sociales se han convertido en un canal privilegiado, y casi ineludible, para la comunicación entre los diversos actores de la esfera política. Aunque en realidad las empresas tecnológicas interfieren en los procesos de difusión mediante sus algoritmos, las redes sociales crean la sensación de una comunicación directa, libre de la mediación tradicional de los medios de comunicación. Con este planteamiento, la bibliografía ha insistido especialmente en los efectos que tal *desintermediación* ha tenido para la comunicación entre líderes (o partidos) y ciudadanos (Mancera Rueda y Pano

1 Aunque en el momento de publicar este texto la red social Twitter se ha convertido en "X", mantendremos en casi todos los casos la terminología previa, bien asentada en el discurso académico.

Alamán 2013; Gallardo-Paúls, EnguixOliver y Oleaque Moreno 2018), pero es igualmente importante la relación comunicativa que se produce entre gobiernos y ciudadanos mediante el desarrollo de diversos perfiles institucionales.

En los primeros tiempos de Internet se implementaron unas "herramientas de gobierno electrónico" que consistían básicamente en elementos de comunicación unidireccional mediante los cuales los gobiernos facilitaban a los ciudadanos la recuperación de información o el acceso a documentos (Dixon 2010; Graham 2014). En los primeros años 2000, en el marco más amplio de la Web 2.0 (DiNucci 1999), surgen las redes sociales; con ellas se abría la puerta a un uso bidireccional e interactivo que pronto se combinó con lo que se conoció como *Open Government*, cuya manifestación efectiva se consolidaría con la llegada de Obama a la casa Blanca. Wukich (2021: 189) señala que en su primera legislatura las agencias del gobierno federal recibieron instrucciones de a) informar a las audiencias de lo que se estaba haciendo (transparencia), b) alentar al público a participar en el diseño de políticas y compartir su experiencia y su saber, y c) colaborar con otras organizaciones.

Es ya un lugar común señalar que la sociedad en general saludó la aparición de las redes sociales con el mismo entusiasmo que había saludado antes la generalización de Internet. Se interpretaron las nuevas modalidades de comunicación y los nuevos canales como un paso seguro hacia la democratización de la sociedad; conceptos como *inteligencia colectiva* o *comunidades de red* saludaron con absoluta rendición la llegada de plataformas creadas por las grandes empresas tecnológicas, como Facebook, MySpace o Twitter. "Social media usage enhances governments' ability to interact with and engage citizens", señalaba Graham (2014: 362). Sin embargo, cuando los foros y los grupos de discusión de los 90 fueron desplazados a mediados de los 2000 por las redes sociales, el caos y la cacofonía de Internet se incrementaron notablemente, en parte por la propia naturaleza de la interfaz de estas plataformas digitales, carentes de estructura (Gallardo-Paúls 2018), y en parte por la situación de las democracias representativas, inmersas en una crisis global que afecta a los modelos de representación política, a la confianza en la clase política y los partidos, a la desinformación o a la polarización social, aspectos críticos que muchas veces se condensan en la idea de "desafección ciudadana".

Aunque la plataforma Twitter surge en 2006 (Facebook en 2004), los estudios sobre su impacto en la comunicación política se consolidan en la década de 2010 (Ahmad 2010). En el contexto español, las Elecciones Generales de 2011 marcaron un punto de inflexión para el estudio de la comunicación por parte de los perfiles políticos. Por ejemplo, Cebrián *et al.* (2013) analizaron las cuentas del líder del Partido Popular, Mariano Rajoy, y del entonces candidato del Partido Socialista, Alfredo Pérez Rubalcaba, concluyendo que las acciones de comunicación implementadas por ambos políticos a través de Twitter no se veían acompañadas por un incremento de la participación ciudadana. Por su parte, Gelado *et al.* (2019: 12) indicaban que no era posible detectar una intención clara de crear o estimular un debate con quien antes resultaba técnicamente imposible hacerlo; citaban, además, un estudio de Zurutuza de 2012 que no solo destacaba esta ausencia de debate real, sino una alta semejanza del empleo de la nueva plataforma con los usos tradicionales de la comunicación política, más centrada en la difusión de propuestas ideológicas que en el intercambio con los electores. Gelado *et al.* (2019) apuntaban también una línea de investigación interesante: la simplificación del mensaje que estaba potenciando Twitter como plataforma de comunicación política, el consiguiente vaciado de relevancia de los debates sugeridos, y la similitud del tono de los discursos entre los partidos consolidados y los más emergentes (Gelado *et al.* 2019: 13).

La misma falta de interacción se mantiene en los usos de Twitter en los años siguientes. Gallardo *et al.* (2018) analizaron los perfiles de Twitter de los cinco partidos políticos más representativos en la campaña de las Elecciones Generales del 26 de junio de 2016; sus hallazgos fundamentales destacaban, por un lado, al carácter ecoico de las cuentas de los partidos respecto a las de sus candidatos (lo que cuestionaba un uso realmente institucional) y, por otro, la homogeneidad entre los diferentes partidos y la escasa profesionalización que revelaba el uso de la plataforma.

Precisamente para facilitar esa profesionalización en el ámbito gubernamental, el Gobierno catalán publicó en 2017 un manual de Twitter para gobiernos. El Manual establece una serie de líneas maestras para la consecución de objetivos comunicativos en las redes sociales; se señala que las estructuras gubernamentales del siglo XXI navegan entre dos mundos: el "mundo papel" –analógico–, y la nueva cultura basada en la "acción de las redes sociales" (Generalitat de Cataluña 2017: 10). Se considera que tales redes pueden equipararse a una conversación pública en la que el gobernante conocerá mejor las preferencias e intereses de los ciudadanos y se estimulará la participación ciudadana. Respecto a la red social Twitter, se la define como "una especie de apretón de manos virtual entre la Administración y el ciudadano, mediante el establecimiento de una conversación hecha de interacciones directas y concretas [...] el ágora en el bolsillo" (2017: 25). Especialmente interesante resulta el apartado que el manual dedica a proporcionar pautas relativas a quién seguir, a quién retuitear y a quién mencionar. En la medida en la que la creación de contenido digital relevante requiere recursos, tiempo y profesionalidad, una cuenta se debe apoyar en una red de *influencers* para que tenga impacto en el ecosistema de Twitter; de este modo, las publicaciones gubernamentales pueden alcanzar en poco tiempo al mayor número posible de usuarios.

1.2. El estudio del discurso referido en el ámbito político

El concepto de discurso referido posee distintas definiciones y alcances según la perspectiva teórica en la que nos situemos. Así, si nos centramos en una perspectiva gramatical clásica, los términos lingüísticos comúnmente empleados son el de "estilo directo" y el de "estilo indirecto". Creemos, con Camargo (2005), que el estudio de las citas ha sido marginal y limitado en el ámbito de las gramáticas y mucho más fructífero y con mayor alcance en el ámbito de la pragmática y el análisis del discurso —especialmente en la dimensión oral de la comunicación—, y en el de la tradición semiótico-literaria bajo el concepto de *dialogismo* o *polifonía* (Bajtin 1988; Anscombre 2009). En la oralidad se destacan principalmente los aspectos referidos a las funciones narrativas y a la incorporación de otras voces distintas a la del enunciador, que constituyen un discurso polifónico cargado de intertextualidad. La cita implica siempre reproducir otro discurso (propio o ajeno) ya sea con las palabras exactas ya sea con el mismo contenido o una mezcla de ambos, con una intencionalidad determinada, "citar es siempre atribuir intencionalmente" (Reyes 1993: 7).

En el estudio del discurso político existen trabajos que han abordado, asimismo, la función política del discurso referido en diversos contextos y lenguas (Parmentier 1993; Kuo 2001; Gjerstad 2007; Wieczorek 2020), si bien se centran en su mayoría en discursos políticos emitidos en televisión o recogidos en prensa, y no en medios digitales. En tales contextos es importante tener en cuenta las restricciones que impone cada plataforma digital a la introducción de otras voces. Como indica Camargo (2007: 25), "la intertextualidad que se crea al insertar una y otra vez textos dentro de otro texto contribuye a crear una sensación de sistema plural en el que todas las voces quedan representadas y todas las opiniones pueden ser escuchadas"; esto es, se da una función legitimadora del decir. Además, la cita produce una imagen que el hablante desea proyectar de sí mismo y de aquellos a los que cita (Camargo 2006: 3) beneficiándose de su prestigio (Doury y Largier 2006) para dotarse de mayor credibilidad o, por el contrario, para desprestigiar al otro (Micheli 2007).

Por su parte, Ballet *et al.* (2020: 13) destacan el valor de "resumen" que adoptan a menudo las formas del discurso referido, ya que es más costoso, y en general inútil, reproducir la totalidad de un discurso que solo sus rasgos más destacados. Longhi (2020), por su parte, señala que el discurso político se basa, en gran medida, en formas de dialogismo o polifonía, y esta polifonía se expresa explícita e implícitamente en Twitter ya que los tuits pueden verse como reacciones o comentarios a otros discursos, o como alusiones a acontecimientos, sin que estos se mencionen explícitamente.

Con este planteamiento teórico, el presente trabajo se sitúa en el ámbito de la comunicación gubernamental digital (Riorda 2008; Riorda y Elizalde 2013), y adopta una perspectiva comparada del discurso institucional español y francés.

2. Los datos y el contexto político

2.1. Descripción y tratamiento de los datos

Los datos de este trabajo pertenecen a un corpus amplio de perfiles gubernamentales europeos, descargado a través de la aplicación TwDocs en mayo de 2022. De ese corpus amplio, que incluye perfiles españoles, italianos, franceses y británicos, este trabajo selecciona 1678 tuits publicados entre el 24 de febrero y el 25 de abril de 2022 y pertenecientes a los siguientes perfiles de Twitter:

- Gobierno de España (@desdelamoncloa) y Presidencia de la República Francesa (@Elysee);
- Ministerio de Asuntos Exteriores, Unión Europea y Cooperación de España (@MAECgob) y Ministerio de Europa y Asuntos exteriores de Francia (@francediplo).

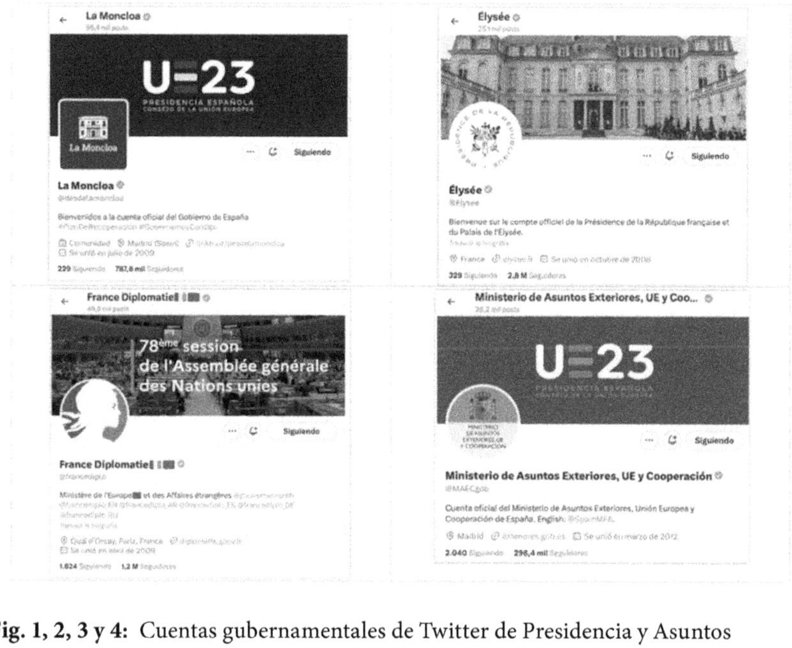

Fig. 1, 2, 3 y 4: Cuentas gubernamentales de Twitter de Presidencia y Asuntos Exteriores

Las fechas indicadas son especialmente relevantes en términos de política internacional ya que el 24 de febrero de 2022 se produce la invasión rusa de Ucrania y el 24 de abril las elecciones presidenciales francesas.

2.2. Contexto político

En la primavera de 2022, en España gobernaba en minoría el secretario general del Partido Socialista Obrero Español (PSOE), Pedro Sánchez, liderando una coalición de centro-izquierda en la que participaban también ministros de la coalición Unidas Podemos (UP), integrada por los partidos Podemos e Izquierda Unida. El Congreso de los diputados, de 349 escaños, estaba integrado por 153 diputados de la coalición de gobierno (120 del PSOE y 33 de Unidas Podemos), 88 del Partido Popular, 52 de Vox, 13 de Esquerra Republicana de Cataluña, y el resto repartido entre otras agrupaciones.

En febrero de 2022, el presidente Macron estaba al frente del gobierno ejecutivo de corte liberal progresista acabando su primer mandato, siendo el 3 de marzo la fecha escogida para anunciar que se presentaba a la reelección. El sistema de doble vuelta de la república presidencialista confiere al jefe del ejecutivo poderes muy amplios, siendo el poder político del primer ministro (entonces Jean Castex) muy limitado. La Asamblea estaba constituida por 577 escaños de los cuales 350 eran de la coalición République en Marche (308) y Mouvement Démocrate (42), y 227 de la oposición (136 derecha parlamentaria y 45 de la izquierda parlamentaria).

3. Análisis contrastivo del corpus

3.1. Primer contraste: productividad e interacción

La Tabla 1 muestra las cifras globales de publicación en Twitter por parte de los perfiles españoles y franceses. A tenor de esas cifras surgen ya algunas diferencias interesantes respecto a la utilización de Twitter en el discurso gubernamental.

Tabla 1. Distribución de tuits de las 4 cuentas entre el 24 de febrero y el 24 de abril de 2022

Cuentas	Seguidores	Tuits 24/2-24/4	Media de tuits/día	Tuits propios / RT
@desdelamoncloa	778.100	751	12,3	514 / 237
@elysee	2.866.630	64	1	61/3

Tabla 1. Continued

Cuentas	Seguidores	Tuits 24/2-24/4	Media de tuits/día	Tuits propios / RT
@MAECgob	280.200	139	2,3	83 /56
@francediplo	1.273.500	724	11,8	364/361

Por lo que se refiere al índice de productividad de los diferentes perfiles, en los 61 días que cubre el corpus las cuentas francesas suman 788 tuits, y las españolas 890. Algunos rasgos notables son:

- Desequilibrio importante entre las cuentas de los ministerios de asuntos exteriores: el MAEC publica 139 tuits con un promedio de 2,3 tuits diarios, y FranceDipl alcanza 724 tuits con 11,8 tuits diarios. La guerra de Ucrania, que es uno de los acontecimientos que marcan la fecha de inicio de publicación de los mensajes del corpus, supone una emergencia internacional de primer orden y, sin embargo, el ministerio español apenas interviene en la red social (en el corpus FranceDipl encontramos un 42% de menciones a Ucrania y en el español un 24%); de hecho, el día que se produjo la invasión rusa FranceDiplo publicó 48 tuits y el MAEC solo 2. Se diría que la reciente experiencia de la COVID-19 había puesto de manifiesto la importancia esencial de la comunicación de riesgo en emergencias para informar a la ciudadanía, pero el ministerio español no refleja esa importancia;
- Notable diferencia en las cuentas presidenciales: Moncloa publica una media de 12,3 tuits diarios y Élysée 1, lo que parece estar en consonancia con los perfiles presidenciales: Pedro Sánchez es más activo que Emmanuel Macron (promedio de 5 tuits diarios en el perfil de Sánchez, frente a 2,4 en Macron durante este periodo);
- La longitud media de los tuits es equiparable: 28 palabras en Élysée, 32 en Moncloa, 29 en FranceDiplo y 38 en MAEC.

La interacción de los tuits suele valorarse como grado de implicación (*engagement*) de los ciudadanos, en cuya medición participan tres factores (De Vries *et al.* 2012; Su *et al.* 2015): la popularidad, el compromiso (*commitment*) y la viralización.

La popularidad corresponde al número de "me gusta" y al número de comentarios que obtienen las publicaciones de una red social. Las cuentas francesas muestran, en general, un mayor impacto que las españolas: tanto la cuenta presidencial francesa como la de asuntos exteriores expresan una mayor reactividad por parte de sus seguidores. Esta diferencia puede explicarse por el número total de seguidores de estos dos perfiles franceses que cuatriplican a los españoles (2.866.630 para la cuenta de presidencia francesa y 1.273.500 para FranceDipl frente a 778.100 de Moncloa y 280.200 MAEC). De nuevo observamos que estas cifras están en consonancia con el número de seguidores de las cuentas personales de ambos presidentes, ya que el presidente francés cuadriplica el número de seguidores al español, pese haberse sumado a Twitter cinco años más tarde (2013) que este (2009). El número de seguidores de Pedro Sánchez es de 1.800.000 y el de Macron 9.100.000. En términos cuantitativos, la reactividad por perfiles es la siguiente:

- Perfiles de la sede de la Presidencia: la respuesta es notablemente mayor entre los seguidores franceses 502 retuits (RT) y 1148 *me gusta*, frente a 56 RT y 103 *me gusta* de cada mensaje de la presidencia española;
- Ministerios de exteriores: la media de RT de FranceDiplo es de 210, frente a los escasos 32 RT del MAEC; solo en el número de *me gusta* el promedio es mayor en las cuentas españolas MAEC (75) y France Diplomatie (22).

3.2. Segundo contraste: el discurso referido en el mensaje gubernamental de Twitter

En este ámbito diferenciamos dos tipos básicos de cita, la cita digital, propia de la plataforma tecnológica concreta, y por otro lado la cita textual.

3.2.1. La cita digital

Dentro de esta cita distinguimos dos tipos: la cita digital que constituyen los hipervínculos, y la cita ecoica, es decir, el retuit ("reposteado" en la nueva versión de Twitter). Para analizar los hipervínculos consideramos que las imágenes incrustadas en cada tuit son también hipervínculos, a que a cada uno corresponde su propia URL. Resulta casi excepcional que un tuit se componga solo de texto (2 % de toda la muestra); lo habitual es que el mensaje incluya algún tipo de enlace que completa el mensaje, ya sea remitiendo a una página web o incorporando elementos de imagen. Los hipervínculos enlazan a sitios web de la propia institución (notas de prensa o páginas propias donde se publica la agenda del día, o documentación del evento institucional); el predominio de este tipo de enlaces parece apuntar a que los destinatarios básicos interpelados son los profesionales de los medios de comunicación, más que la ciudadanía en general.

En la medida en que se trata de cuentas gubernamentales, que por lo tanto dan voz a instituciones en las que debe sentirse representada toda la ciudadanía, es normal que estos perfiles no enlacen con páginas webs externas, pues la voz gubernamental no debe hacerse eco de mensajes ajenos (por ejemplo, de partidos o de medios de comunicación). En este sentido, cabe considerar la mayoría de los enlaces como mecanismos de *autocita,* donde cada perfil amplifica la información que proporciona sobre sus actividades y funcionamiento.

En el 88,7 % de los casos, además, estos tuits con enlaces a páginas web se completan con otro tipo de contenidos de naturaleza visual. Así, cabe decir que la estructura prototípica de los tuits institucionales es [texto + hipervínculos + imagen]. Estos enlaces de imagen pueden ser de tres tipos alternativos:

- Vídeos: en general, retransmisiones en directo de plenos y eventos institucionales, en la mayoría de los casos enlazando al canal de la institución en YouTube. En el corpus francés, la cuenta del Elíseo se destaca con un 40% de vídeos en directo frente a 0% en France Diplo; en el corpus español, Moncloa apenas llega al 15% y MAEC 9,25%. Destaca, asimismo, la longitud de los videos franceses en el perfil del Elíseo, pues algunos alcanzan la hora de duración;
- Fotografías: la cuenta presidencial francesa publica muy pocas fotografías, pues hay una presencia mayoritaria de vídeos; estas presentan símbolos institucionales: banderas y el Elíseo. Al contrario, en el corpus español el recurso a las fotografías es considerablemente mayor;
- Composiciones gráficas de diferente grado de elaboración que pueden ser infografías, carteles de presentación de un acto o alguna iniciativa gubernamental. Tanto Moncloa como el Elíseo utilizan una plantilla específica para este tipo de contenidos que aporta cierta imagen de marca.

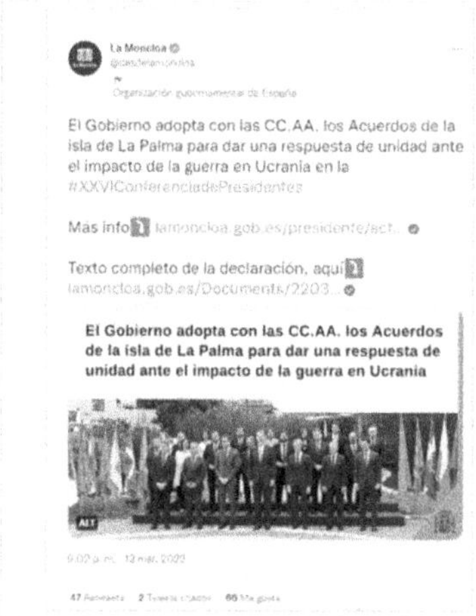

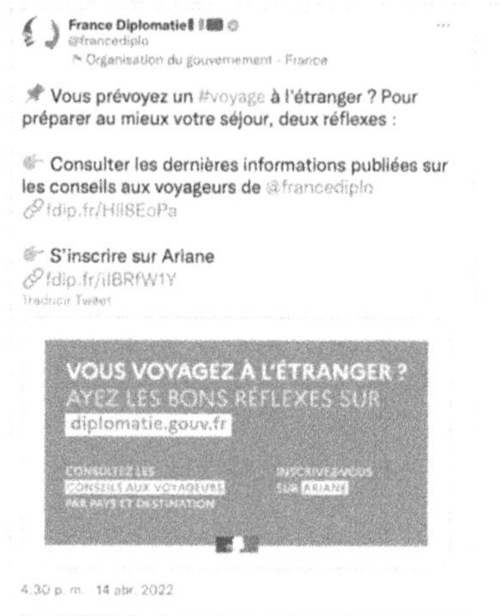

Fig. 5 y 6. Tuits de La Moncloa y de France Diplomatie con diseño gráfico de marca

Por ejemplo, el tuit de La Moncloa publicado el 13 de marzo a las 21:02h. (Fig. 5) proporciona tres enlaces informativos, cada uno de ellos con URL propia:

- Enlace incrustado con la fotografía del presidente del gobierno con los presidentes autonómicos en un montaje que incluye cartela y escudo de Moncloa;
- Enlace a la web de Moncloa donde se aporta más información del encuentro, incluidos varios vídeos;
- Enlace al texto completo de la declaración en pdf.

El tuit de France Diplomatie publicado el 14 de abril a las 16:30h. (Fig. 6) proporciona también tres enlaces:

- Enlace incrustado de una infografía que incluye escudo francés y la web del ministerio;
- Enlace a la web del ministerio donde se aporta más información sobre los viajes al extranjero;
- Enlace a Ariane, web para registrar datos antes de un viaje y poder recibir SMS o alertas.

Por lo tanto, pese a la enorme utilización del hipervínculo, cabe decir que las cuentas analizadas mantienen la profesionalidad de los perfiles y se trata de un uso autorreferencial de cita, que permite al seguidor de la cuenta ampliar la información de forma eficaz; el predominio de la función informativa explica esta circunstancia (Fig. 7).

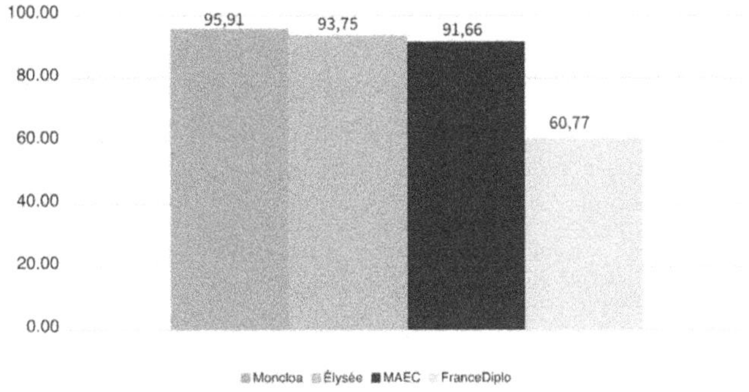

Fig. 7. Cita digital en las cuatro cuentas gubernamentales

Por lo que se refiere al segundo mecanismo de cita digital, la plataforma permite la re-publicación de los mensajes de cuentas ajenas (según hemos señalado, antes "retuit", ahora "reposteado"). Como indica la Tabla 2, se aprecia una diferencia notable entre las cuentas de asuntos exteriores de ambos países y las presidenciales, ya que estas últimas retuitean en menor medida, especialmente, el perfil del Elíseo con 95 % de tuits propios.

Tabla 2. Tuits y retuits en el corpus completo

Cuentas	Nº Total Tuits	Tuits propios	RT	% tuits propios
@desdelamoncloa	751	514	237	68
@elysee	64	61	3	95
@MAECgob	139	83	56	59
@francediplo	724	364	361	50

Tanto los perfiles españoles como los franceses limitan el retuit a otras cuentas gubernamentales, especialmente de las cuentas personales de la persona que en cada caso encabeza la institución (presidentes o ministros):

- 96 de los 237 RT de Moncloa son del perfil del Presidente del Gobierno, Pedro Sánchez (46,10%); todos los demás pertenecen a otras cuentas gubernamentales, como los distintos ministerios. En el caso de Élysée solo hay 3 RT de la cuenta del presidente @EmmanuelMacron (4,68%);

- Los RT de MAEC (67,46%) son especialmente ecoicos con Moncloa (44%) y con el Ministro de Exteriores (28%), asignando un 7,14% del retuit a Pedro Sánchez. La cuenta de FranceDiplo (83,52 %) emplea el retuit de forma más frecuente, destacando en primer lugar el retuit de mensajes del perfil de Macron (12%), en segundo del ministro (10%) y, en tercer lugar, de la cuenta de la presidencia europea francesa (7%).

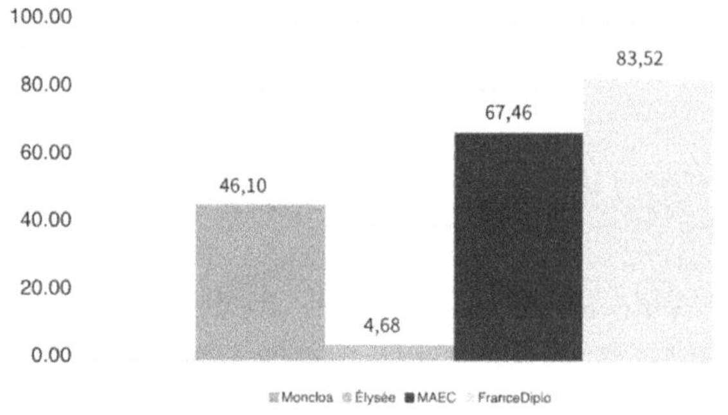

Fig. 8. Cita ecoica en las cuatro cuentas gubernamentales

Mientras que el recurso a la autocita mediante hipervínculos resulta homogéneo y un mecanismo de ampliación de información, el empleo de la cita ecoica o retuit presupone la asunción de la voz de otro en su totalidad y tiene mayores implicaciones comunicativas. Este tipo de cita es muy distinto en los perfiles analizados (Fig. 8). El Elíseo apenas retuitea pero ese escaso retuit se refiere, en exclusividad, a la cuenta del presidente Macron. En el caso de Moncloa, aunque la voz más destaca es la del presidente (46 %), existen otros discursos que se incorporan a esta cuenta procedentes de distintas cuentas gubernamentales: la de la vicepresidencia tercera de Transición Ecológica y Reto Demográfico (@mitecob), la del Plan de Recuperación (@P_Recuperacion), la de Sanidad (@Sanidadgob) y la del Ministerio de Inclusión, Seguridad Social y Migraciones (@inclusiongob), principalmente. Esta inclusión de otras cuentas permite visibilizar a otros actores, especialmente, a mujeres en el ejercicio de gobierno: la vicepresidenta tercera, Teresa Ribera o la ministra de Sanidad, Carolina Darias. En el caso de las cuentas del Ministerio de Asuntos Exteriores francés vuelve a destacar el perfil de Macron por encima de otras cuentas, lo que demuestra el predominio presidencialista del gobierno galo por las atribuciones que le son conferidas políticamente pero también por el estilo comunicativo de hiperliderazgo de Macron (Madrid 2023).

3.2.2. La cita textual: estilo directo e indirecto

La cita textual supone en Twitter el uso del discurso referido en sentido clásico. El hablante reproduce literalmente o parafrasea lo dicho por otro individuo o por sí mismo. Según Reyes (1994: 623) el estilo indirecto se emplea preferentemente cuando se pretende quitar dramatismo al relato e importa más lo que se dijo que el cómo: "el estilo directo, que es histriónico, cumple ciertas funciones narrativas; el indirecto, que no es histriónico, cumple otras funciones. No se puede ser histriónico fácilmente en un libro de historia, sí se puede en un relato literario o en la conversación".

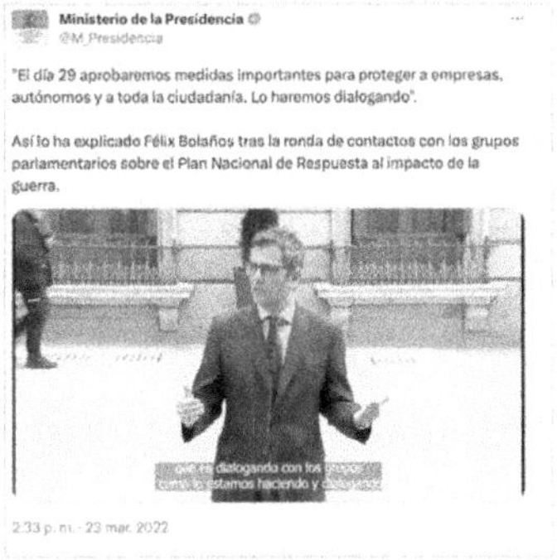

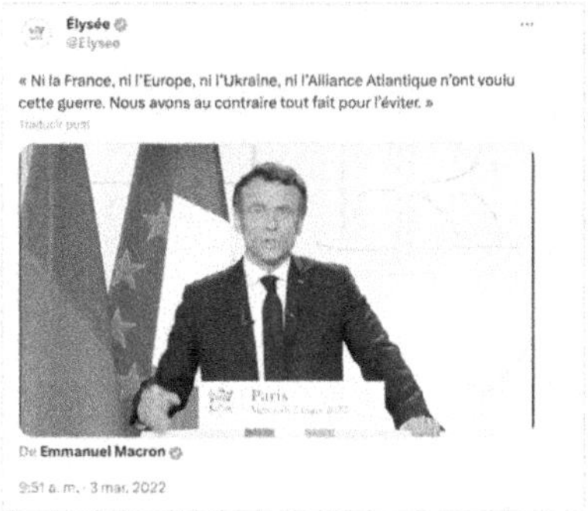

Fig. 9 y 10. Retuits con cita en estilo directo

Apenas hemos encontrado ejemplos de cita textual en estilo directo, ya que esta función se alcanza cómodamente con la cita ecoica o retuit. En el corpus español solo aparece un ejemplo en un retuit de MAEC (Fig. 9), en el que el texto del ministro de la Presidencia, Félix Bolaños, aparece entrecomillado. En el corpus presidencial francés solo existe un caso en el que se destaca ese valor "dramático" que señalaba Reyes para el estilo directo y que recoge fielmente lo enunciado por Macron (Fig. 10).

En el corpus francés la casi totalidad de citas en estilo directo entrecomillado pertenecen a la cuenta de FranceDiplo (24) y, en concreto, todas refieren declaraciones del ministro de Asuntos Exteriores y Europa, Jean-Yves Le Drian. En esta cuenta existen dos tipos de citas: las que extraen fragmentos de declaraciones escritas (se incrusta el vínculo al texto completo) y las citas recogidas de intervenciones orales en medios de comunicación como TF1 o actos públicos. En la Figura 11, el periodista pregunta al ministro si no tiene la impresión de haber sido engañados él y el presidente Macron por Putin, y el ministro responde ampliamente a la cuestión concluyendo en la entrevista que Putin "es un cínico y un dictador". Estas palabras finales son las recogidas y entrecomilladas por el medio de comunicación, que la cuenta institucional asume como voz propia.

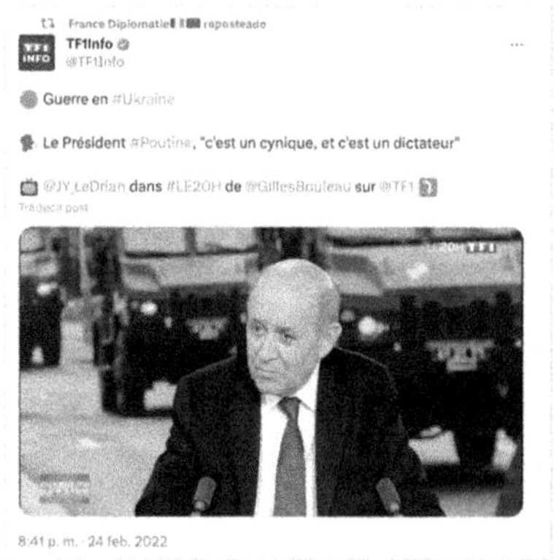

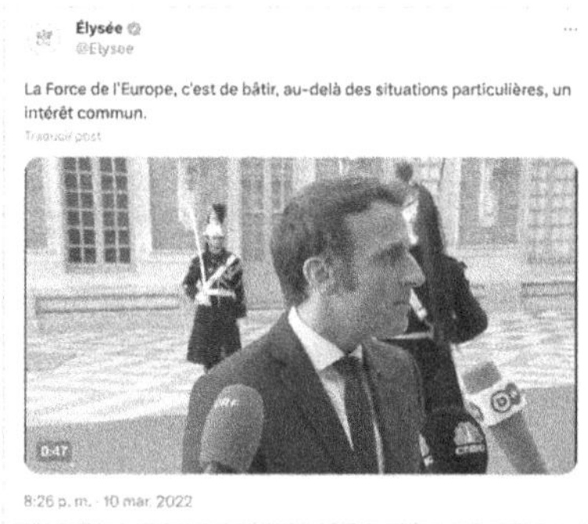

Fig. 11 y 12. Tuit de estilo directo y de cita mixta

En el corpus presidencial francés se da un tipo de cita *mixta* sin verba *dicendi* (estilo indirecto) ni entrecomillado (estilo directo) que se repite en varias ocasiones (Fig. 12); en ninguno de los casos analizados es la reproducción exacta del discurso oral que aparece en el vídeo siendo su función la de resumir y proveer de un "titular" o gancho a lo comunicado en el vídeo. Solo hemos encontrado este modo de cita similar en el corpus español en el perfil del MAEC (Fig. 13) en el que se reproducen declaraciones del ministro sin señalar el entrecomillado; más que un estilo de cita mixta, como en el caso anteriormente descrito, lo consideramos un error, puesto que recoge fielmente lo dicho por el ministro siendo los usos léxicos del hablante muy marcados ("crímenes de guerra").

El 84 % de los casos de discurso referido indirecto (Fig. 14) se realiza mediante nominalizaciones, evitando así la introducción de subordinadas completivas. Los tiempos empleados son el presente y el pretérito perfecto.

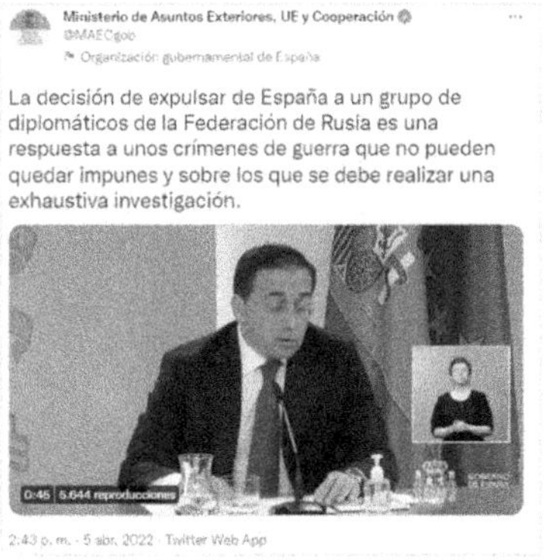

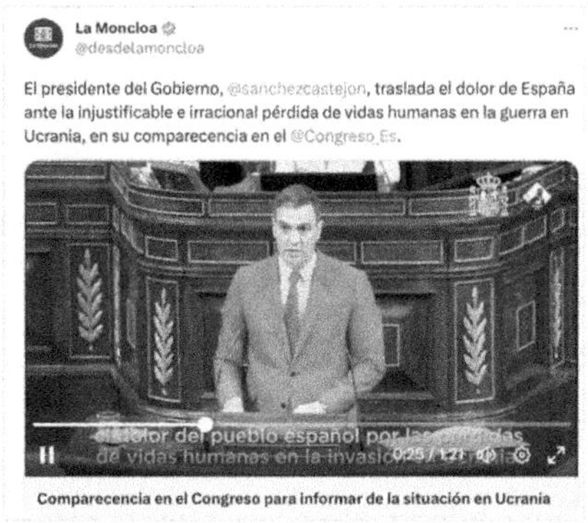

Fig. 13 y 14. Tuit de estilo directo sin comillas y tuit de estilo indirecto

Los *verba dicendi* mayoritariamente empleados en ambos corpus son los que aparece en la siguiente tabla.

Tabla 3. Verba dicendi *más frecuentes*

Corpus español		Corpus francés	
Solicitar (20)	Recomendar (7)	Condamner (34)	Exigir (2)
Reafirmar (12)	Comprometerse (6)	S'éngager (29)	Reiterer (2)
Trasladar (11)	Aconsejar (3)	Demander (20)	
Condenar (11)	Exigir (2)	Annoncer (12)	
Anunciar (8)	Subrayar (2)	Exprimer (3)	
Agradecer (7)	Felicitar (2)	Indiquer (2)	

Como se ve, los verbos del corpus español son más variados y tienen un carácter semántico manifiestamente más positivo que los empleados en el corpus francés de carácter más neutro o negativo.

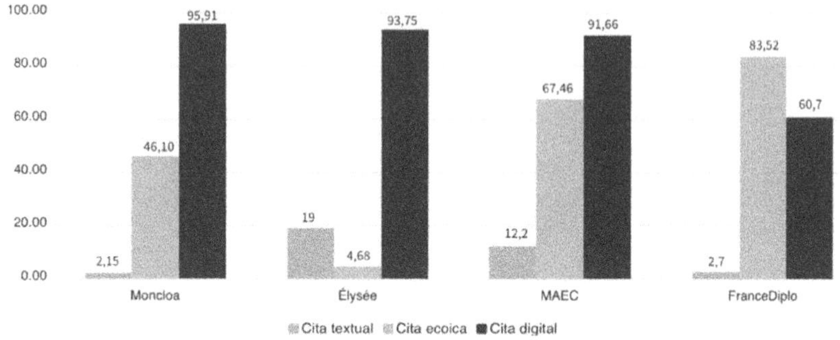

Fig. 15. Cita textual, ecoica y digital en las cuentas gubernamentales

La Figura 15 resume los tres tipos de cita en todos los perfiles gubernamentales estudiados. Observamos que el denominador común en todas ellas es el empleo de la cita digital de hipervínculo, ya que esta supone la incorporación de otros textos para superar la limitación expresiva del medio. La cita ecoica, en cambio, se da mayoritariamente en los perfiles de asuntos exteriores y, en menor medida, en la cuenta presidencial española. En la cuenta presidencial francesa, la cita ecoica solo recoge la voz del presidente mediante retuits de la cuenta personal de Macron. Si a este hecho le sumamos que todas las citas textuales de dicha cuenta reproducen enunciados de Macron, nos encontramos con un perfil muy centrado en el discurso presidencial. Este mismo fenómeno se repite en el caso de FranceDiplo en el que la voz del presidente se oye por encima de la del ministro y la de otras cuentas gubernamentales, contribuyendo así al personalismo político. En el caso de Moncloa, también hay una cita ecoica fuertemente anclada en la cuenta del presidente, pero se da cabida a otras voces del gobierno y cuentas del ejecutivo.

4. Conclusiones

A partir del análisis contrastivo de dos corpus de cuentas gubernamentales, hemos podido constatar las similitudes y diferencias en lo que a mecanismos de cita se refiere. Hemos comprobado que todas las cuentas gubernamentales estructuran sus tuits en un formato que incluye ampliaciones textuales de imagen, texto, vídeo enlace a web y que apenas existen tuits que solo tengan texto escrito. Además de esta forma de "cita digital", hemos constatado que el retuit es la forma de cita *natural* de Twitter y que ocupa la función de la cita textual en estilo directo que apenas aparece en nuestro corpus. Cuando este tipo de cita en estilo directo aparece en escena, tiene una función expresiva y de énfasis de lo enunciado. El estilo de cita indirecto también es escaso y su función radica en resumir lo dicho con un claro presupuesto informativo.

Hemos destacado una forma de cita mixta que no emplea ni los recursos formales del estilo indirecto (*verba dicendi* y paráfrasis posterior) ni tampoco el entrecomillado del estilo directo. Aunque en algún caso pueda deberse a un empleo erróneo por parte del autor del tuit, creemos que en su mayoría se debe al hecho de no ser exactamente lo dicho por el hablante sino un fragmento reformulado por el autor del tuit con el propósito de resaltar un aspecto, un contenido noticiable que funcione a modo de titular. Se trataría, por tanto, de un mecanismo nuevo de discurso referido, tanto en su forma como en su función, presente solo en la esfera digital.

Referencias

Ahmad, A. N. (2010). "Is Twitter a useful tool for Journalists?", *Journal of Media Practice,* 11, 145-155, <http://dx.doi.org/10.1386/jmpr.11.2.145_1>

Anscombre, J. (2009). "La comédie de la polyphonie et ses personnages", *Langue Française,* 164, 11-31.

Bajtín, M. (1988). *Problemas de la poética de Dostoievski.* México, Fondo de Cultura Económica. Trad. de Tatiana Bubnova.

Ballet, M. Marion, Caillat, D., de Chanay, H. C. y Desmarchelier, D. (2020). "Pourquoi reprendre la parole de l'autre ?", *Mots. Les langages du politique,* 122.

Camargo Fernández, L. (2006). "El diálogo reconstruido y la imagen positiva", en M. Casado, R. González, y M. V. Romero Gualda (eds.), *Análisis del discurso: Lengua, cultura, valores.* Madrid, Arco/Libros, 1241-1253.

Camargo Fernández, L. (2007). "Circulación del discurso y legitimación política", Conferencia en *Centres i marges de la cultura anglòfona: cinema, llengua i literatura.* Universitat d'Estiu, UIB.

Camargo Fernández, L. (2005). "El estilo directo y el estilo indirecto. De las gramáticas del español al análisis del discurso y la pragmática", en M. Villayandre Llamazares (ed.), *Actas del V Congreso de Lingüística General,* Vol. I. Madrid, Arco/Libros, 479-489.

Cebrián Guinovart, E. y Vázquez-Barrio, T. (2013). "@marianorajoy VS @conRubalcaba: la campaña electoral de 2011 en las cuentas oficiales de Twitter de los candidatos del PP y del PSOE, en M. Römer (ed.), *Miradas a las pantallas en el bolsillo.* Madrid, Universidad Camilo José Cela, 93-19.

De Vries, L., Gensler, S. y Leeflang, P. S.H. (2012). "Popularity of brand posts on brand fan pages: an investigation of the effects of social media marketing", *Journal of Interactive Marketing*, 26, 2, 83-91.

DiNucci, D. (1999). "Design & New Media: Fragmented Future-Web development faces a process of mitosis, mutation, and natural selection", *Print Magazine,* 53, 4, 221-222.

Dixon, B. E. (2010). "Towards E-Government 2.0: An Assessment Of Where E-Government 2.0 Is And Where It Is Headed", *Public Administration & Management*, 15, 2, 418-454.

Doury, M. y Largier, C. (2006). "L'argument d'autorité dans une discussion en ligne: manifestations discursives et régime d'acceptabilité", Comunicación en 2e *Journées d'études internationales sur L'argumentation et la rhétorique dans le domaine arabe*, Tunis.

Gallardo Paúls, B. (2018). *Tiempos de Hipérbole. Inestabilidad e interferencias en la esfera pública*. Valencia, Tirant Lo Blanch.

Gallardo Paúls, B., Enguix Oliver, S. y Oleaque Moreno, J. (2018). "Estilos de gestión de los perfiles políticos en Twitter: imagen y texto en las cuentas de los partidos en la campaña del 26J", *Revista de Investigación Lingüística,* 21, 15-51.

Gelado Marcos, R., Puebla Martínez, B. y Rubira García, R. (2019). "Comunicación política y personalización de contenidos: ¿es Twitter el nuevo medio de referencia para la interacción entre gobernantes y gobernados?", *ADResearch: Revista Internacional de Investigación en Comunicación*, 20, 8-19.

Generalitat de Cataluña (2017). *Manual de los gobiernos en Twitter. Pautas para instituciones públicas a partir de la experiencia del Gobierno de Cataluña*, Generalitat de Catalunya.

Gjerstad, Ø. (2007). "The polyphony of politics: Finding voices in French political discourse", *Critical approaches to discourse analysis across disciplines*, 1, 2, 61-78.

Graham, M. W. (2014). "Government communication in the digital age: Social media's effect on local government public relations", *Public Relations Inquiry*, 3, 3, 361-376.

Kuo, S. H. (2001). "Reported Speech in Chinese Political Discourse", *Discourse Studies*, 3, 2, 181-202.

Longhi, J. (2020). "Les usages stratégiques du commentaire sur Twitter comme contributions aux processus d'idéologisation", *Repères-Dorif: autour du français: langues, cultures et plurilinguisme*, 22, <https://hal.science/hal-02977783/>

Madrid Cánovas, S. (2023). "Análisis del personalismo en el discurso político en redes: el perfil de Macron en Instagram", *Círculo de Lingüística Aplicada*, 96.

Mancera Rueda, A. y Pano Alamán, A. (2013). *El discurso político en Twitter.* Barcelona, Anthropos.

Micheli, R. (2007). "Stratégies de crédibilisation de soi dans le discours parlementaire', *A contrario*, 5, 67-84.

Parmentier, R. J. (1993). "The political function of reported speech: a Belauan example", en J. A. Lucy (ed.), *Reflexive language: Reported speech and metapragmatics.* Cambridge, Cambridge University Press, 261-286.

Reyes, G. (1993). *Los procedimientos de cita: estilo directo y estilo indirecto.* Madrid, Arco/Libros.

Reyes, G. (1994). "La cita en español: gramática y pragmática", en V. Demonte (ed.), *Gramática del español.* El Colegio de México, 591-627.

Riorda, M. (2008). "'Gobierno bien pero comunico mal': análisis de las Rutinas de la Comunicación Gubernamental", *Revista del CLAD Reforma y democracia*, 40, 25-52.

Riorda, M. y Elezalde, L. (2013). "Planificación estratégica de la comunicación gubernamental: realismo e innovación", en M. Riorda y L. Elezalde (eds.), *Comunicación gubernamental 360º.* La Crujía.

Su, N., Reynolds, D. y Sun, B. (2015). "How to make your Facebook posts attractive – a case of a leading budget hotel brand fan page", *International Journal of Contemporary Hospitality Management*, 27, 8, 1172-1790.

Wieczorek, A. E. (2020). "Embedded discourse spaces in narrative reports", *Discourse Studies*, 22, 2, 221-240.

Wukich, C. (2021). "Government social media engagement strategies and public roles", *Public Performance & Management Review,* 44, 1, 187-215.

Ana Mancera Rueda

El humor verbal como estrategia persuasiva en redes sociales

Resumen: El propósito de este trabajo es identificar las principales estrategias persuasivas utilizadas por los internautas españoles con mayor número de seguidores en la red social Instagram. Además, partiendo de la categorización de Martin *et al.* (2003), quienes distinguen cuatro estilos humorísticos básicos –afiliativo, agresivo, autodespreciativo y reafirmativo–, trataremos de dilucidar qué estilo suele ser el escogido atendiendo al tipo de estrategia. Por otra parte, analizaremos las distintas reacciones con las que los seguidores verbalizan las valoraciones que les merecen tales publicaciones humorísticas. Y, en último lugar, examinaremos en qué medida los influyentes interactúan con quienes les siguen.

Palabras clave: humor interaccional, persuasión, influyentes, Instagram

Abstract: The purpose of this work is to identify the main persuasive strategies employed by Spanish internet users with a high number of followers on the social network Instagram. Additionally, based on the categorization by Martin *et al.* (2003), who distinguish four basic humor styles -affiliative, aggressive, self-deprecating, and assertive- we will try to determine which style is typically chosen based on the type of strategy. Furthermore, we will analyze the different reactions through which followers express their assessment of such humorous posts. Finally, we will assess the extent to which influencers engage with their followers.

Keywords: humor in interaction, persuasion, influencer, Instagram

1. Introducción

Atendiendo al índice de penetración de las redes sociales en España realizado por la consultora Interactive Advertising Bureau Spain (2023), Instagram es la segunda red social más utilizada diariamente, con un porcentaje de uso del 70 % en una muestra conformada por 1002 hombres y mujeres de entre 12 y 74 años de edad[1]. Las cuentas que más siguen sus usuarios son las de amigos,

1 El primer lugar lo ocupa WhatsApp, con un índice del 95 %.

familiares y conocidos, si bien en segundo lugar se posicionan las de los influyentes[2].

De acuerdo con dicho estudio, los contenidos más consumidos por los usuarios de las redes sociales son los dedicados al entretenimiento, fundamentalmente aquellos de carácter humorístico. Dado que Instagram es percibida como una red social "divertida", "entretenida", "interesante" y "creativa", cabría plantearse: ¿hasta qué punto se sirven del humor los influyentes con un mayor número de seguidores? ¿pueden advertirse diferencias en cuanto al uso del humor en el discurso femenino y en el masculino? ¿se emplea el humor con un fin persuasivo? ¿qué estrategias de imagen son las más utilizadas por los influyentes? ¿a qué tipo de humor se recurre? ¿cómo reaccionan los seguidores de un perfil ante este tipo de publicaciones humorísticas? ¿hasta qué punto responden los influyentes a los comentarios que sus seguidores les dirigen?

2. Marco teórico y objetivos

El humor es un fenómeno pragmático basado en una incongruencia, ya que surge a raíz de una realidad que se presenta como inesperada e incoherente para el lector (Raskin 1985; Attardo 1994; Ruiz Gurillo 2012). No existen aún demasiados estudios que se hayan encargado del análisis del humor en la interacción más allá del ámbito conversacional[3]. Según Chovanec y Tsakona (2018), se hace necesaria una nueva concepción del *humor interactivo* que no solo tenga en cuenta la comunicación oral, sino también la escrita y la tecnológica, analizando la coparticipación de las distintas partes implicadas en la interacción, sus reacciones y su evaluación del humor.

En el presente trabajo nos hemos propuesto identificar las principales estrategias persuasivas utilizadas por los internautas españoles con mayor número de seguidores en Instagram en sus publicaciones de carácter humorístico. Además, partiendo de la categorización de Martin *et al.* (2003), quienes distinguen cuatro estilos humorísticos básicos –el afiliativo, el agresivo, el autodespreciativo y el reafirmativo–, trataremos de dilucidar qué estilo suele ser el escogido atendiendo al tipo de estrategia. Por otra parte, analizaremos las distintas reacciones con las que los seguidores verbalizan las valoraciones que les merecen

---

2 Desde el *Observatorio de palabras* se propone el uso de la voz *influyente*, en lugar del anglicismo *influencer* (Real Academia Española, 2023).

3 Cfr., por ejemplo, Hay (2000), Norrick (2003), Kotthoff (2003), Eisterhold, Attardo y Boxer (2006), Holmes (2006), Schegloff (2007), Coates (2014), o Ruiz Gurillo (2021 y 2022).

tales publicaciones humorísticas. Y, en último lugar, examinaremos en qué medida los influyentes interactúan con quienes les siguen.

3. Corpus y metodología

El corpus objeto de análisis ha sido extraído a partir de los perfiles creados en la red social Instagram por 50 influyentes españoles. Atendiendo a la perspectiva de género, se han escogido los perfiles de 25 hombres y de 25 mujeres. Para su selección se han tomado como referencia las clasificaciones anuales de los cien influyentes de mayor repercusión en España publicadas por la revista Forbes entre 2020 y 2022[4]. A fin de lograr una cierta homogeneidad generacional, se han tenido en cuenta solamente los perfiles de los nacidos entre los años 1980 y 2000, es decir, aquellos comúnmente denominados *millennials*. Sin embargo, se han descartado los perfiles que publican exclusivamente contenidos en inglés, o fotografías y vídeos que no suelen aparecer acompañados por mensajes textuales, lo que nos impediría identificar en ellos las manifestaciones de humor verbal en español.

En la Tabla 1 presentamos el listado con los 50 perfiles analizados. Inicialmente, tratamos de recopilar 10 mensajes de carácter humorístico por cada perfil. Sin embargo, en algunos casos, tras revisar todas las publicaciones de un influyente, no ha sido posible alcanzar este número de textos en los que se hiciera uso de alguna manifestación de humor verbal, de ahí que el corpus conste finalmente de 373 mensajes.

Además, con el objeto de poder analizar las reacciones de otros internautas hacia el contenido de dichos mensajes humorísticos, hemos recopilado 500 textos[5] publicados por otros usuarios de Instagram a modo de respuesta. Todos los textos han sido extraídos *verbatim* y analizados con la ayuda del programa Atlas.ti, una herramienta que permite el etiquetado digital y la cuantificación de elevados volúmenes de datos.

Atendiendo a la práctica habitual en este tipo de investigaciones, por cuestiones de privacidad, no se muestran los datos identificativos de los usuarios cuyas respuestas se incluyen en este trabajo, ni sus imágenes de perfil. Solo se reproducen las imágenes publicadas por los influyentes, con la debida indicación del autor o autor de la imagen, o de la fuente. Por último, hay que tener en

4 En el momento de redactar estas páginas, en agosto de 2023, aún no se ha dado a conocer el *ranking* de este año.

5 Se ha prescindido de aquellas respuestas que constaban únicamente de emojis o imágenes.

cuenta que todos los textos y las imágenes que se reproducen a continuación eran de acceso público en las fechas de elaboración y consulta del corpus –de marzo a agosto de 2023–, por lo que pueden ser utilizados con fines académicos y científicos.

Tabla 1. *Perfiles analizados, en orden alfabético*

Esther Acebo @ estheracebo	Susana Cabero @susicaramelo	Aída Domenech @ dulceida	Xuso Jones @xusojones	Rocío Osorno @ rocioOsorno
Lara Alonso @ lara_lars	Javier Calvo @ javviercalvo	Laura Escanes @ lauraescanes	Ismael Lemais @ismaellemais	Cristina Pedroche @ cristipedroche
Raúl Álvarez @ AuronPlay	Sara Carbonero @ saracarbonero	Ester Expósito @ester_exposito	Jaime Lorente @ jaimelorentelo	María Pombo @mariapombo
Javier Ambrossi @soyambrossi	Alfonso Casas @alfonsocasas	Tamara Falcó @ tamara_falco	Violeta Mangriñán @ violeta	Marta Pombo @ mpombor
Juan Amodeo @amodeo13	Mario Casas @ mario_houses	Brays Fernández Vidal @braysefe	Gotzon Mantuliz @ gotzonmantuliz	Sergio Ramos @ sergioramos
Marco Asensio @ marcoasensio10	Paula Cendejas @paula_ cendejas	Alba Flores @ albafloresoficial	Vanessa Martín @ vanesamartin_	Carlos Ríos @ carlosriosq
Marta Bel Díaz @heyratolina	Ursula Corberó @ursulolita	Macarena García @ macarenagarciaoficial	Laura Matamoros @_lmflores	Georgina Rodríguez @ georginaglo
Jonan Beltrán y Christian Tomas @ jonanwiergo	Jorge Cremades @ jorgescremades	Miguel Herrán @ miguel.g.herran	Álvaro Mel @ meeeeeeeel_	Daniel Rovira @danirovira
Sara Biyín @_bjean_	Guillermo Díaz @willyrex	Carolina Iglesias Mosquera @ percebesygrelos	David Muñoz @dabizdiverxo	Joaquín Sánchez @ joaquinarte
David Bustamante @ davibusta	Rubén Doblas @elrubiuswtf	Sara Jiménez @ croquetamente__	Rafael Nadal @ rafaelnadal	Estefanía Unzu @verdeliss

4. Análisis de los mensajes publicados por los influyentes

El análisis de los mensajes humorísticos publicados por los influyentes en sus perfiles nos ha permitido identificar en ellos tres tipos de estrategias persuasivas: 1) estrategias de cortesía valorizante para promocionar una marca comercial; 2) estrategias de autoimagen para la promoción de su actividad laboral; 3) estrategias de autoimagen para ensalzar el propio aspecto físico. Asimismo, como se aprecia en la Figura 1, existe también un pequeño porcentaje de publicaciones sin finalidad publicitaria ni de autopromoción:

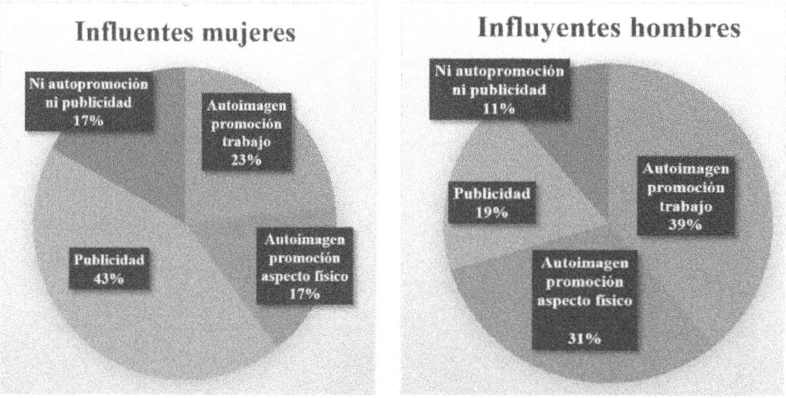

Fig. 1. Estrategias persuasivas en los mensajes de los influyentes

Los mensajes humorísticos que presentan una finalidad publicitaria son los de mayor representatividad en los perfiles de las influyentes (43 %). Por ejemplo, en (1) se recoge el mensaje de una influyente que ha adquirido notoriedad en Instagram por exhibir su rol como madre de una familia numerosa con ocho hijos, de ahí el carácter humorístico del enunciado inicial:

(1) La familia aumenta.
Keep calm, la de "La Granja de Zenón", jiji 😩 Efectivamente, la famosa serie de Youtube entre cuyos éxitos destaca la pegadiza 🎶 La Vaca Lola, la Vaca Lola…tiene cabeza y tiene cola…y hace muuu 🎶..
Quien es pa/madre seguro lo ha leído tarareando la sintonía…y lo sabéis, jaja!!!..
Pues el caso, que a lo largo de los años ya habíamos ido coleccionando casi todos los personajes, entre peluches musicales y marionetas.

Y tenemos el honor de dar la bienvenida a dos nuevas incorporaciones:
BARTOLITO BAILARÍN: le ha flipado a Miren Baila...pero a lo grande! Mueve las alas, la cola y se desplaza al son de las "Canciones de la Granja" . Además supone un extra de diversión, porque al levantar su cresta, suelta frases graciosas.
LA POTRANCA MARGARITA: novedad como peluche musical, que además de cantar...es súper suave, blandita y adorable 🐴.
Contadme! ¿Estábais enterados de estos lanzamientos? Os los recomiendo como idea de regalo para estas fechas (y también afinar vuestras cuerdas vocales...si yo continúo con 🎶El Pollito Pío🎶, vosotros también jaja).
#Publi @bandaies @lagranjadezenon
#lagranjadezenon #VeranoEnLaGranja #GranjaARodar #Verdeliss[6]

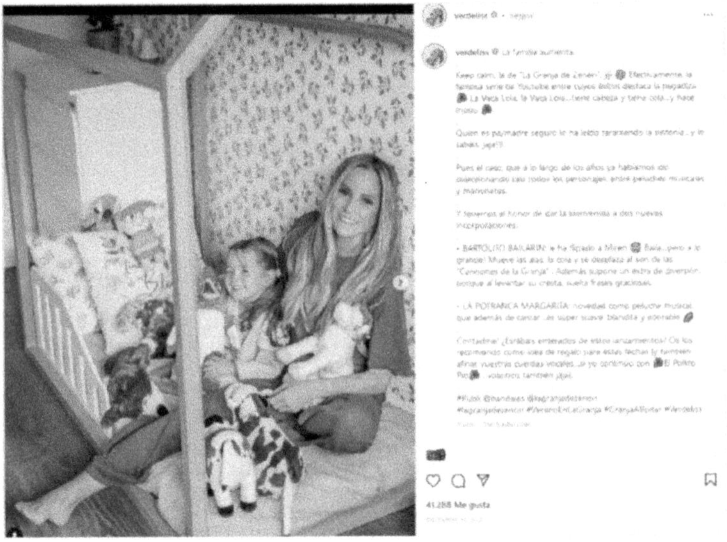

Fig. 2. Mensaje publicado por Estefanía Unzu (@verdeliss). 11-12-2022

El texto presenta diversos rasgos prototípicamente atribuidos al discurso publicitario (Hernández Toribio 2021), como el uso del dialogismo, plasmado en enunciados interrogativos –"¿Estabais enterados de estos lanzamientos?"–, y en

6 Reproducimos los mensajes tal y como fueron publicados en Instagram, sin omitir los errores ortográficos ni aquellas otras muestras representativas del subcódigo escrito que está difundiéndose en Internet.

las referencias directas a los seguidores del perfil, con los que se trata de reforzar la relación interlocutiva mediante el empleo de elementos deícticos y la flexión verbal –"lo sabéis", "os los recomiendo", "afinar [sic] vuestras cuerdas vocales" "vosotros también"–.

Asimismo, la publicidad se encuentra presente en las cuentas de los influyentes, aunque en menor medida (19 %). En (2) podemos observar cómo, bajo la apariencia de un acto de habla expresivo con el que se manifiesta agradecimiento, en realidad, se recurre a un discurso eminentemente persuasivo en el que, mediante el uso de diversos tecnicismos, El Rubius pretende dar a conocer a sus seguidores las propiedades de un aparato electrónico:

(2) Primera vez que puedo presumir de tamaño.
Gracias a LG por mandarme la mejor TV que he tenido, poder jugar con HDR y negros puros me está haciendo volver a jugar en el salón.
#LGOLEDTV <3 #ad

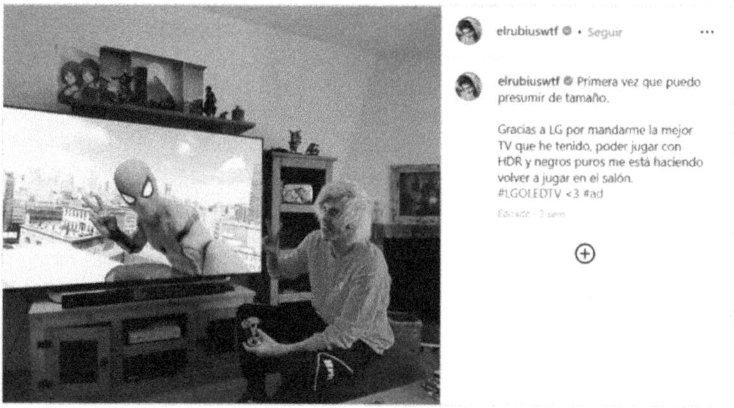

Fig. 3. Mensaje publicado por El Rubius (@elrubiuswtf). 11-03-2020

Para advertir del carácter comercial de una publicación, en Instagram se suele hacer uso de una nota de aviso que señala que se trata de una *colaboración de pago*, o bien de etiquetas como #patrocinado, #publicidad o #ad –como vemos en (2)–. El humor sirve aquí a un fin publicitario, pues en el mensaje de El Rubius se contraponen dos guiones semánticos diferentes: uno de carácter sexual, evocado por el primer enunciado, y otro sustentado en el tamaño del televisor que se pretende promocionar. De acuerdo con la Teoría General del Humor Verbal (TGHV), de Attardo y Raskin (1991), para poder considerar un texto como humorístico es preciso identificar en él, al menos, dos guiones semánticos diferentes que se oponen entre sí a la manera de una relación antonímica, superponiéndose de forma parcial o total.

En el caso de los mensajes de los influyentes, todos ellos son de carácter multimodal, por lo que los guiones conviven en un mismo espacio discursivo. Por ejemplo, el neologismo *suelista* y el sintagma nominal *suelista salvaje* del texto recogido en (3) solo pueden comprenderse tras visualizar el *sketch* publicitario que lo acompaña, creado por el influyente para promocionar entre sus seguidores los distintos productos de una marca de fregonas:

(3) ¿Qué tipo de suelista eres? ¡Yo soy suelista salvaje! ¡Os leo en comentarios!👀 @vileda.es PUBLI

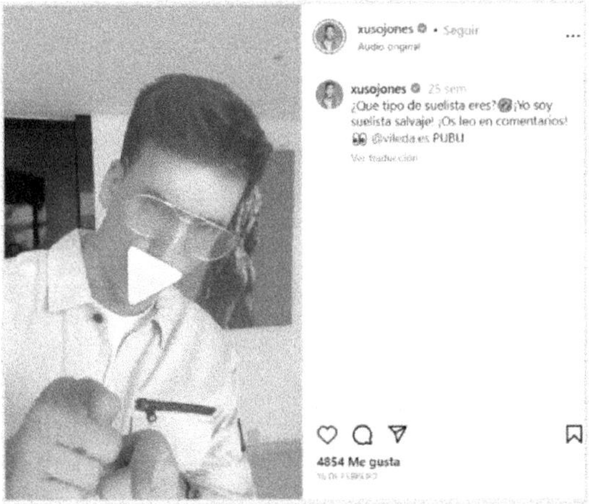

Fig. 4. Mensaje publicado por Xuso Jones (@xusojones). 16-02-2023

En este tipo de mensajes de carácter publicitario, se hace uso preeminentemente de un *humor afiliativo* (Martin *et al.* 2003). No en vano, el receptor es aquí el eje central y las funciones fática y apelativa resultan primordiales, de ahí que el influyente busque mostrar empatía hacia sus seguidores.

Este tipo de humor es también coadyuvante en los mensajes que presentan estrategias de autoimagen con un fin promocional de la propia actividad laboral; su representatividad es del 39 % en el caso de los hombres y, algo inferior, del 23 %, en el de las mujeres. Por ejemplo, para animar a sus seguidores a ver un capítulo de la serie en la que actúan los influyentes se sirven de enunciados imperativos que vehiculan actos de habla directivos,

(4) Así se queda uno viendo el final del capítulo 5 después de una maratónica noche de viernes!!😂😂 Dejad las copas y a ver la casa de papel ya!!💥

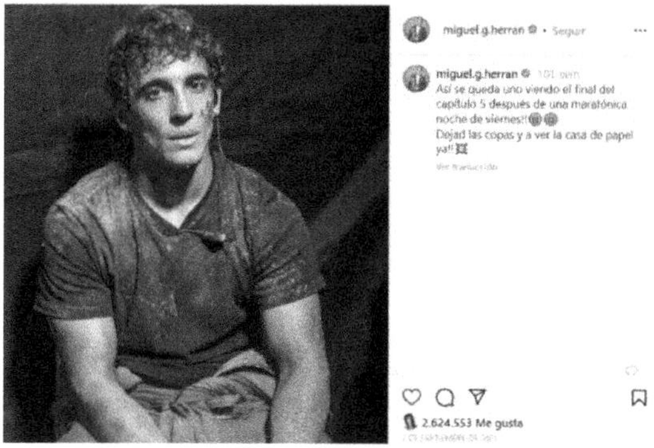

Fig. 5. Mensaje publicado por Miguel G. Herran (@miguel.g.herran). 03-09-2021

o tratan de suscitar curiosidad mostrando fotogramas de su trabajo que contraponen a enunciados polifónicos –como refranes o fragmentos de canciones– en una oposición de guiones semánticos con la que se persigue también provocar hilaridad:

(5) Bailar pegadas es bailar 🎶 💜 Mañana #visavisenfox con @najwanimri (#losquesepeleansedesean)

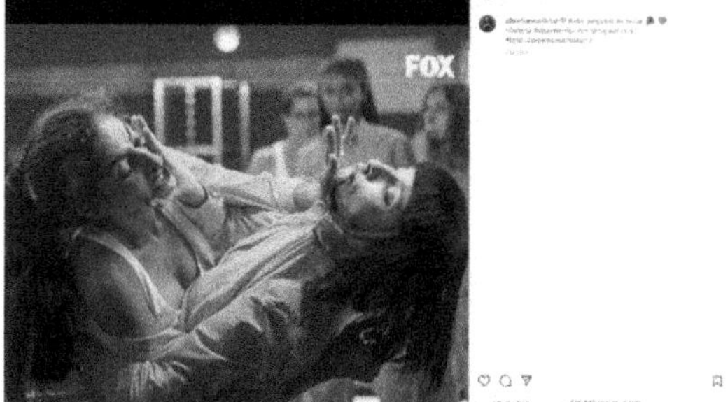

Fig. 6. Mensaje publicado por Alba Flores (@albafloresoficial). 09-12-2018

Por último, los influyentes recurren también a estrategias de autoimagen para ensalzar el propio aspecto físico mediante un tipo de humor reafirmativo que enfatiza las cualidades personales:

(6) Carita de bollito felissss

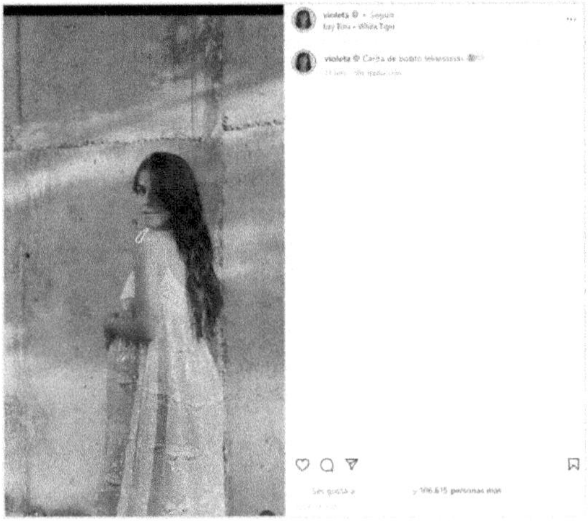

Fig. 7. Mensaje publicado por Violeta Mangriñán (@violeta). 13-07-2022

Aunque en muchas de las publicaciones de este tipo se hace uso también de autohumor, es decir, humor autodespreciativo en el que el blanco de la burla es su propio autor:

(7) bicho malo nunca muere

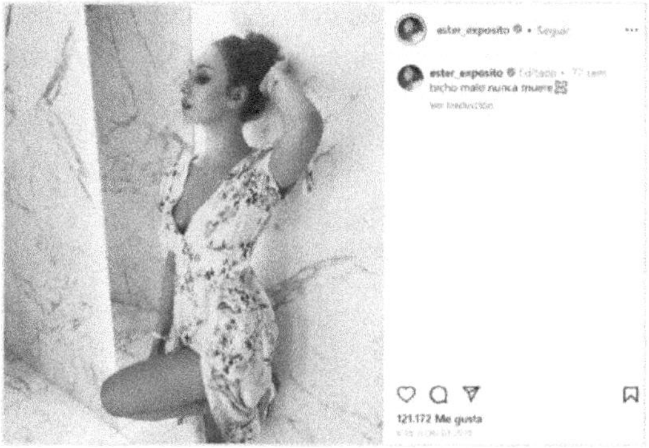

Fig. 8. Mensaje publicado por Ester Expósito (@ester_exposito). 06-07-2018

Tal clase de estrategias resultan más comunes en los perfiles masculinos (31 %) que en los femeninos (17 %). Por ejemplo, en (8) Álvaro Mel parodia una conocida escena de la película *Taxi Driver* emulando la locura de su protagonista:

(8) "Como De Niro, alguien dentro de ese espejo quiere hablar conmigo"

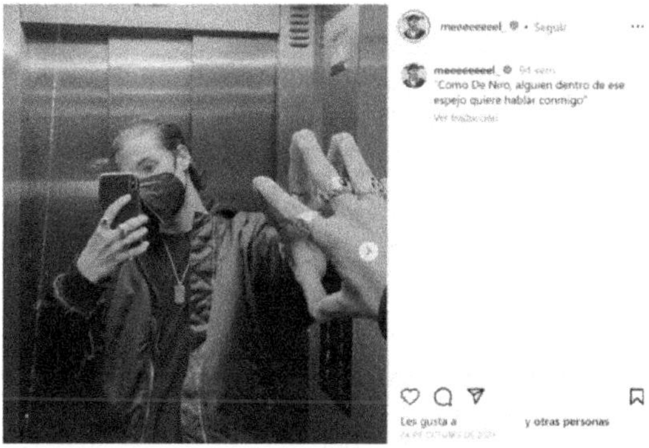

Fig. 9. Mensaje publicado por Álvaro Mel (@meeeeeeeel_). 24-10-2021

Junto a este tipo de mensajes encontramos otros que no parecen perseguir un fin publicitario, ni de promoción de la actividad laboral del influyente, ni de su aspecto físico, aunque podría decirse que cumplen también una finalidad persuasiva, pues tratan de "captar" seguidores por medio de su contenido humorístico o mostrando algún aspecto personal. Su representatividad es mayor en el discurso femenino (17 %) que en el de los influyentes (11 %):

(9) cansada de mi

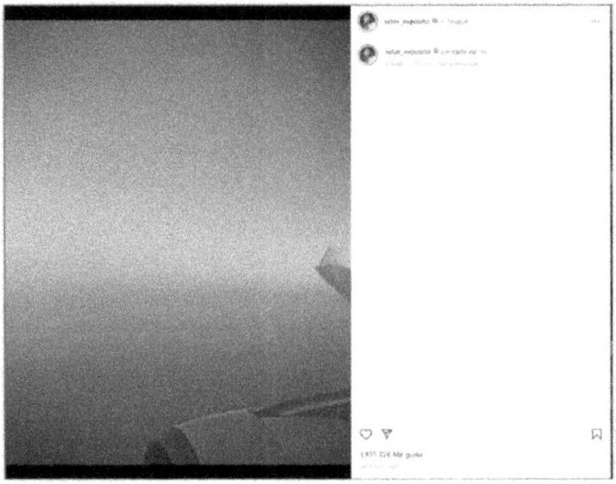

Fig. 10. Mensaje publicado por Ester Expósito (@ester_exposito). 09-08-2020

El humor en el mensaje precedente de Ester Expósito radica en la incongruencia que supone encontrar en un perfil plagado de instantáneas de la propia actriz, una fotografía del ala de un avión. Además, el texto que le acompaña –con una superestructura de carácter descriptivo–, pone de manifiesto la necesidad que parecen experimentar algunos influyentes de publicar contenidos en las redes sociales, a pesar del hartazgo que puede llegar a provocarles la promoción constante de su imagen.

5. Análisis de las respuestas de los seguidores

Como ha puesto de manifiesto Kramer (2011), es necesario estudiar las reacciones a cualquier tipo de discurso humorístico, ya que estas pueden resultar significativas, al revelar si el público comprendió o no el mensaje, y si lo ha evaluado positiva o negativamente. Con este propósito, se han escogido 500 textos publicados a modo de respuesta hacia los comentarios humorísticos analizados previamente: 250 hacia mensajes de los influyentes y 250 hacia los discursos femeninos. En la Figura 11 se muestran los tipos de respuesta que hemos identificado:

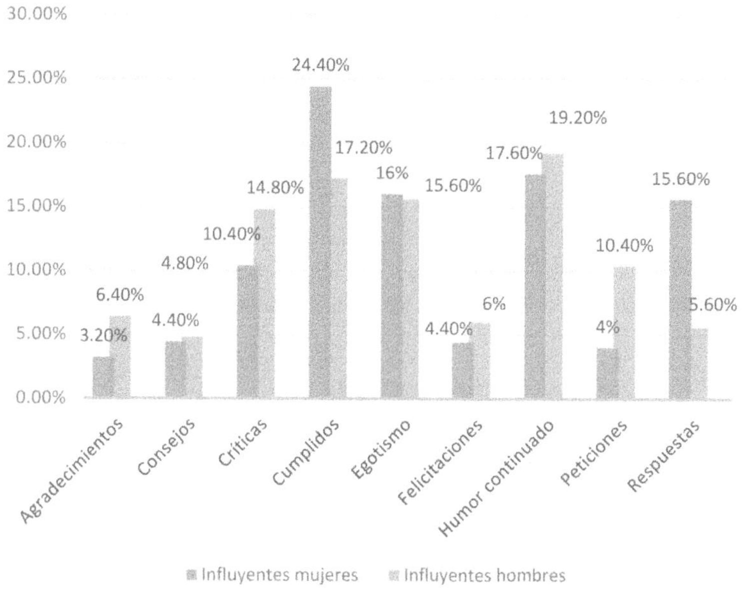

Fig. 11. Tipología de respuestas hacia los mensajes publicados por los influentes

La mayoría de los seguidores de dichos perfiles muestra una evaluación positiva (Wolfson 1981) hacia los comentarios humorísticos de los influyentes, algo que se manifiesta en forma de cumplidos. Generalmente, estos suelen elogiar su aspecto físico,

(10a) medicinaaaa

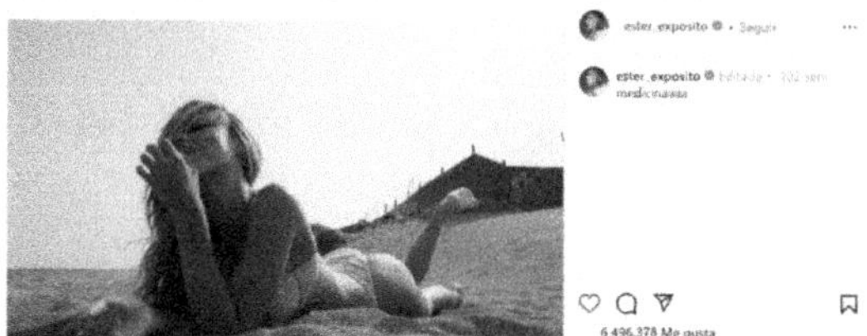

Fig. 12. Mensaje publicado por Ester Expósito (@ester_exposito). 18-08-2020

Respuestas:

(10b) Uff hermosa chiquita

(10c) Tienes unas nalgas muy hermosas

(10d) Guapa

(10e) Buah k pies

el atuendo que luce en la fotografía,

(11a) Subiendo esto sumergida en mi batamanta de gatitos. Sí soy.

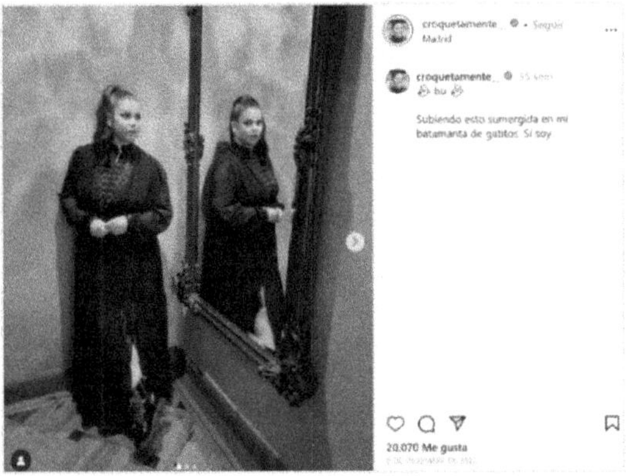

Fig. 13. Mensaje publicado por Croquetamente (@croquetamente). 06-12-2022

Respuestas:

(11b) Ostras me flipa este look gótica o de Miércoles de la familia Adams!! Es total!!! 😍😍😍🙌🙌

(11c) Mira yo es que te veo ideal siempre pero con semejante lookazo estás espectacular!!!!

(11d) Guapísima,niña me encanta el modelichi😍

(11e) Este lookazo me encantaaa!!! ❤️ 🔥❤️ 🔥

o su sentido del humor:

(12a) ¿Cuántas reinas veis en la foto?

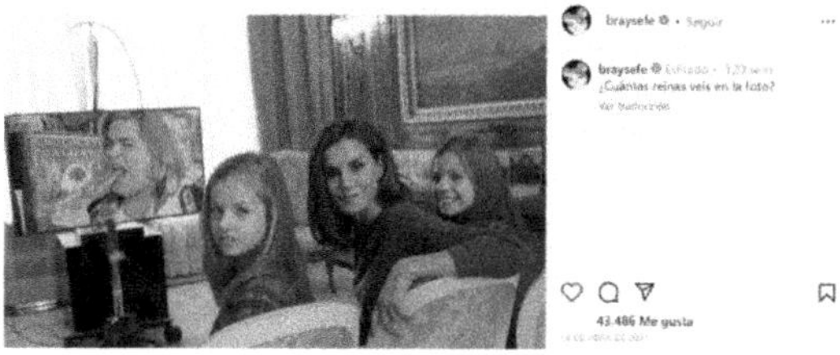

Fig. 14. Mensaje publicado por Brays Efe (@braysefe). 18-04-2021

Respuesta:

(12b) Si es que con cualquier personaje que interpretes...yo me muero! Me muero de amor, de risa, de ternura...pero vamos q m matas y tan a gustito 😍😍

Gran parte de estos cumplidos se formula como reacción a publicaciones de carácter comercial. Así, a diferencia de lo que sucede en la publicidad intrusiva o no demandada presente en los medios de comunicación tradicionales, que suele generar rechazo, el humor presente en muchos de los mensajes publicitarios realizados por los influyentes provoca un efecto positivo en sus seguidores:

(13a) Estoy buscando pareja para disfrutar juntos del #hogarilimitable de @vodafone_es ¿te apuntas? #nontipreocupare *publi

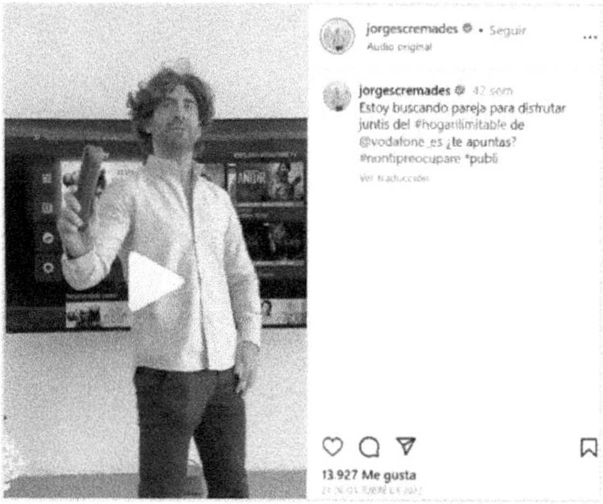

Fig. 15. Mensaje publicado por Jorge Cremades (@jorgescremades). 24-10-2022

Respuestas:

(13b) El mejor anuncio que he visto 😂

(13c) me costó entender que era publicidad jajaja genial...

(13d) Me acabo de comer una publicidad 😂

(13e) Hasta con la publicidad te ríes! crack!

Las influyentes reciben más cumplidos (24,4 %) que los influyentes (17,2 %), aunque ambos porcentajes resultan elevados. La predominancia de estas muestras de *cortesía normativa* (Briz Gómez 2004) resulta un indicativo del crédito que se confiere a su destinatario (Holmes 1988) y, por tanto, estas conllevan una aprobación (Vanderveken 1990) que en el caso de los mensajes de Instagram puede interpretarse a modo de señal de reconocimiento hacia el humor que en ellos se manifiesta[7].

El segundo tipo de respuestas radica en aquellas que suponen una prolongación del humor exhibido por el influyente –con una representatividad del 19,2 % en el caso de las contestaciones a los influyentes y del 17.6 % en las dirigidas a las influyentes–. De acuerdo con Attardo (2019), el *humor continuado* tiene lugar cuando el humor se prolonga a lo largo de más de tres intervenciones. Por ejemplo, la interactividad que caracteriza a los mensajes en Instagram permite la creación de secuencias humorísticas como la siguiente, en la que la intervención iniciativa del influyente da lugar a diversas intervenciones reactivas formuladas por sus seguidores:

(14a) pues obstruyendo una salida de emergencia

7 El análisis de otras de las funciones de los cumplidos en las redes sociales se aleja del propósito de nuestro trabajo. Cfr., por ejemplo, Maíz Arévalo y García Gómez (2013) o Placencia (2019), entre otros. También estudiamos ya cómo se manifiesta esta cuestión en Instagram en Mancera Rueda y Pano Alamán (2020).

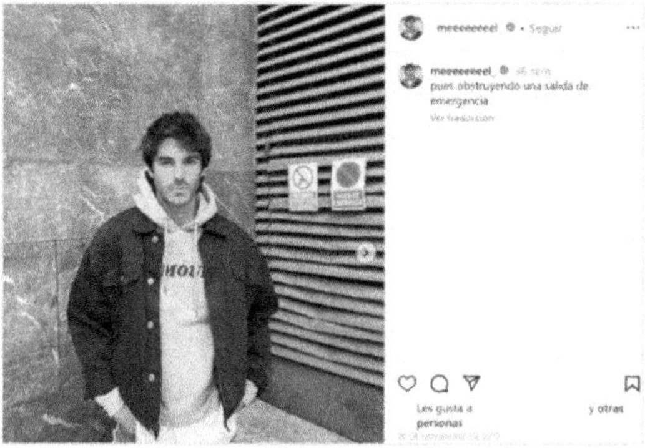

Fig. 16. Mensaje publicado por Álvaro Mel (@meeeeeeeel_). 28-11-2022

Respuestas:

(14b) Obstrúyeme esta

(14c) [contestación al mensaje del usuario anterior] @usuario ésta Benjamín, ya que haces referencia a tu miembro/órgano

(14d) [contestación a (14b)] Obstruye obstruye

Véase cómo en (14), el texto que acompaña a la imagen de la intervención iniciativa experimenta una recontextualización por parte de los lectores, que le otorgan un sentido sexual. Tal *resignificación del humor* multiplica el significado atribuible al acto humorístico iniciado por el autor de la publicación.

En el caso de las respuestas a las influyentes (16 %) y los influyentes (15,6 %) resultan también recurrentes las manifestaciones de egotismo. El egotismo ha sido descrito por Perls, Hefferline y Goodman (2001) como un reforzamiento deliberado del propio ego. Hemos constatado que en Instagram aquellas actividades de autoimagen del influyente que le llevan a mostrar una determinada faceta de su ámbito privado, con frecuencia, son aprovechadas por sus seguidores para poner el foco en sus propios logros:

(15a) Hoy tocaba tiradita de 10Kms y series de 500. Casi muero. Lo bien que lo pasé ayer es inversamente proporcional a lo "malamente" que lo he pasado hoy. Pero los deberes, hechos están. Más o menos... Y encima, la foto, un despropósito... casi me salgo del plano y manitas de Playmobil. Que parece que me han robado los dos cubatas. Pero con el postureo hay que ser consecuente, salga bien o salga mal. #SuPoquicoDeDeporte

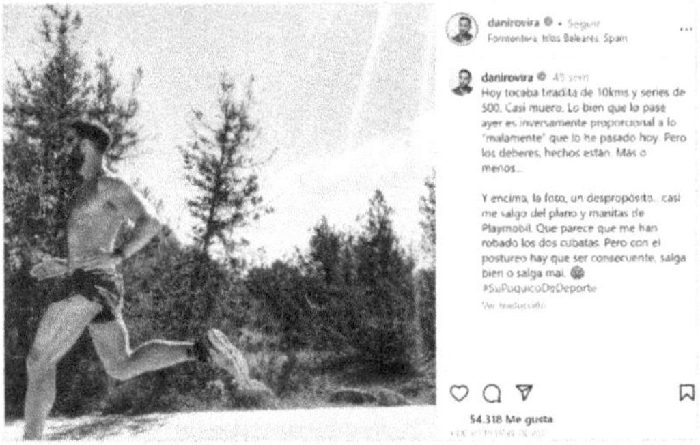

Fig. 17. Mensaje publicado por Dani Rovira (@danirovira). 04-09-2022

Respuesta:

(15b) Bien hecho!!! Yo ayer 10k a full para bajar tiempo y 3 minutos menos!! Se dice pronto pero bajar 3 minutos es una gozada! A darle duro!

Véase también cómo en la contestación a este mensaje de Tamara Falcó una internauta presenta su propia experiencia vital como madre de cinco hijos y abuela de ocho nietos a modo de argumento de autoridad:

(16a) El tono Malaga Wine es lo que este invierno gris necesita

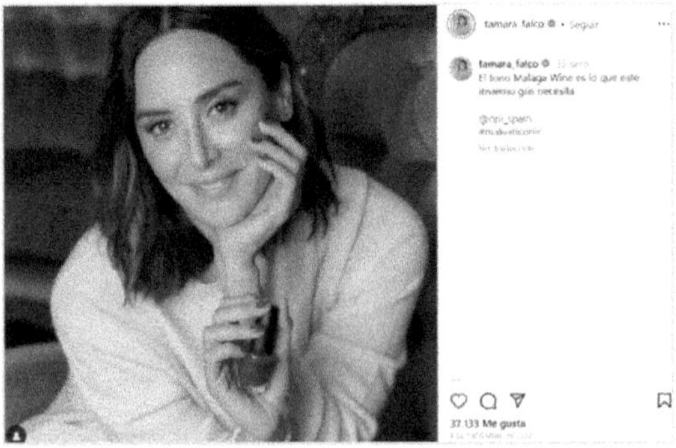

Fig. 18. Mensaje publicado por Tamara Falcó (@tamara_falco). 08-12-2022

Respuesta:

(16b) Que linda eres, te admiro xq tienes muchas cualidades, te lo digo de forma maternal, xq soy madre de 5 hijos y 8 nietos, además 73 años entonces tengo algo de experiencia en conocer un poco como son las personas, y para estos tiempos que vivimos er. Es mujer 10.

A veces en estas muestras de egotismo podemos advertir lo que el psicólogo Gordon Wheeler (2002) denomina *confluencia*, es decir, la pérdida de límites entre uno mismo y el otro, confundiendo identidad con unión, como se observa en el siguiente ejemplo:

(17a) La mala noticia es que ya no voy a poder chulear de ser la única entre mis amigos que aún no lo había pillado. La buena noticia es que, si enero empieza así, el año solo puede ir a mejor. No os preocupéis, porque hoy estoy mucho mejor, pero ayer a las 3 de la mañana (porque tengo el horario de sueño de un oso pardo ahora mismo) me salió esto en instagram y me entró una risa que casi me desvivo del ataque de tos. En otro orden de cosas, las abdominales que voy a tener de toser van a ser épicas.

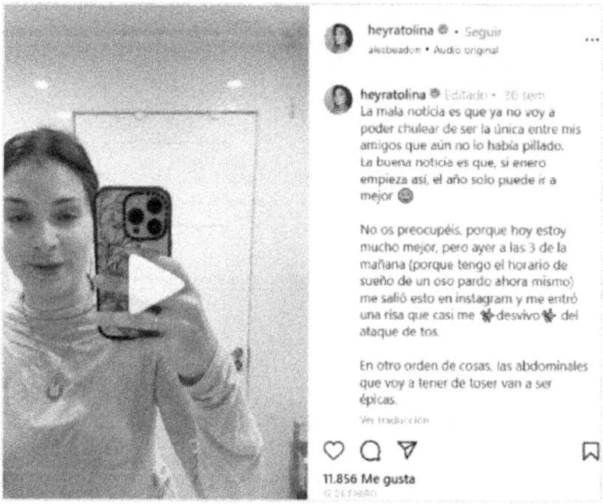

Fig. 19. Mensaje publicado por Ratolina (@heyratolinaa). 12-01-2023

Respuesta:

(17b) Eras la única sin virus?? Nooo, yo también!!! Y yo también estoy contagiada en estos momentos con tanta tos como tú y confinada en mi habitación! Ummmm yo también creo que esto ya solo puede ir a mejor! Nos recuperamos!!!!

Por otra parte, un porcentaje significativo de los comentarios de los seguidores constituyen respuestas hacia las preguntas formuladas en su perfil por las influyentes (15,6 %) –aunque su porcentaje es mucho más reducido en el caso de los dirigidos a los influyentes (5,6 %)–, fundamentalmente para participar en los sorteos que estas suelen organizar:

(18a) 💫 SORTEO 💫 ¿Qué canción debería tocar Carolina a la flauta en el próximo #SEATmusicTalks el 14 de junio en Barcelona? Déjalo escrito en los comentarios, sigue a @seatesp y entra en el sorteo de 9 entradas dobles. A ver si suena la flauta y la vemos tocándola con Víctor en Barcelona…✨

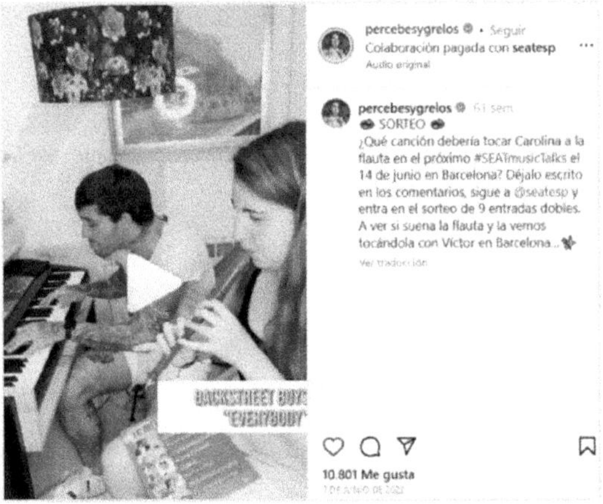

Fig. 20. Mensaje publicado por Carolina Iglesias (@percebesygrelos). 07-06-2022

Respuestas:

(18b) Abre tu mente de Merche eono

(18c) La de Doraemon!! ❤

(18d) Terra de las Tanxugueiras

No faltan tampoco las críticas, algo más numerosas en las contestaciones al discurso en los perfiles masculinos (14,8 %) que en los femeninos (10,4 %). A veces los internautas recurren incluso a la descortesía verbal formulando ataques *ad hominem* relacionados con el físico o el supuesto carácter de los influyentes:

(19a) Don Gato inmortalizado en mi cuerpo sexy moreno [...]

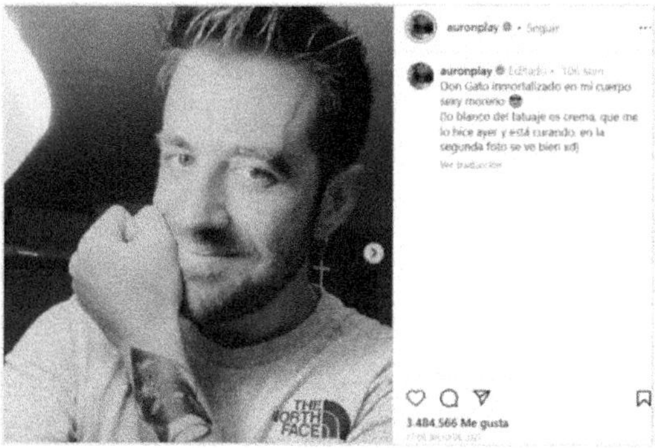

Fig. 21. Mensaje publicado por Auron (@auronplay). 27-07-2021

Respuestas:

(19b) Tapon que eres un tapon

(19c) Vas a caer Auron la hipocresía tiene patas cortas!!!

También hemos localizado peticiones dirigidas especialmente a los influyentes (10,4 %) –en menor medida a las influyentes (4 %)–. Estos actos directivos no impositivos generalmente se utilizan para pedir consejo a esa persona a la que los internautas admiran, realzando implícitamente la imagen de autonomía del influyente como experto (Mapelli 2019). Por ejemplo, uno de sus seguidores pregunta a este deportista vasco cuál es el grosor recomendable que debe tener un traje de neopreno para poder sumergirse en las aguas del norte de España:

(20a) FLOW WITH IT Con mi nutria a todas partes!

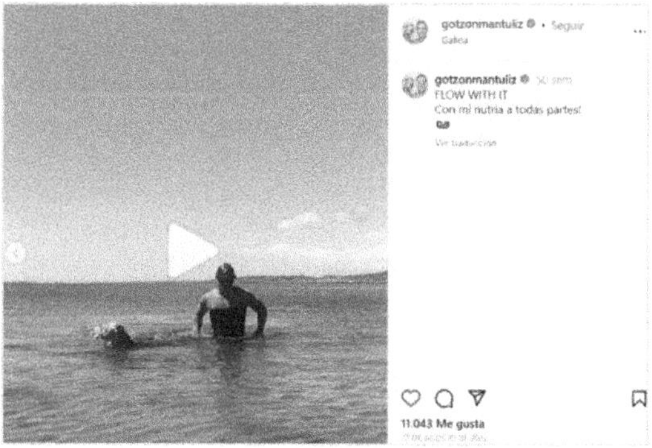

Fig. 22. Mensaje publicado por Gotzon Mantuliz (@gotzonmantuliz). 27-08-2022

Respuesta:

(20b) Gotzon qué mm aconsejables para usar traje en el norte?

Y hemos encontrado también peticiones de trabajo, o incluso solicitudes de consejos sobre cuestiones íntimas:

(21a) Te llego a casa en delivery

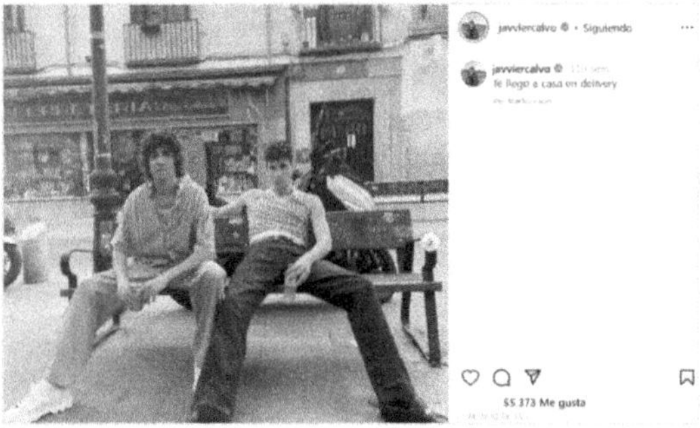

Fig. 23. Mensaje publicado por Javier Calvo (@javviercalvo). 01-07-2021

Respuestas:

(21b) [...] estoy interesada por el proyecto de la llamada y de la veneno y de física y química también puedo ser la más adecuada para poder realizar el trabajo de los secretos de masksinge masksinge singer

(21c) JAVI SOY SUPER FAN TUYA ERES MI IDOLO ME LLAMO MARIA SOY UNA PERSONA LGTBI CON DISCAPACIDAD Y COMO ME HACEN BULLING ME GUSTARÍA PEDIRTE CONSEJO

En el corpus objeto de análisis destacan además las felicitaciones, que representan el 6 % de las respuestas hacia los influyentes y el 4,4 % hacia las influyentes,

(22a) Borracha pero buena muchacha

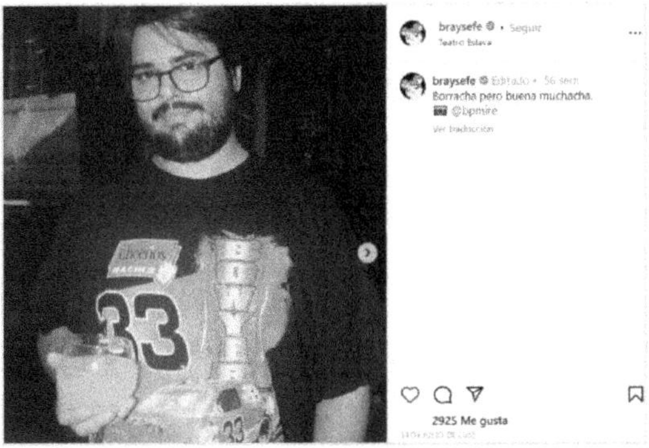

Fig. 24. Mensaje publicado por Brays Efe (@braysefe). 14-07-2022

Respuesta:

(22b) Veo que es tu cumpleaños FELICIDADES!!!

y otros actos de refuerzo de la imagen de los influyentes propios de la *cortesía valorizante* (Kerbrat-Orecchioni 1996), como los agradecimientos –6,4 % en contestación a los influyentes y 3,2 % a las influyentes–:

(23a) De lunes...

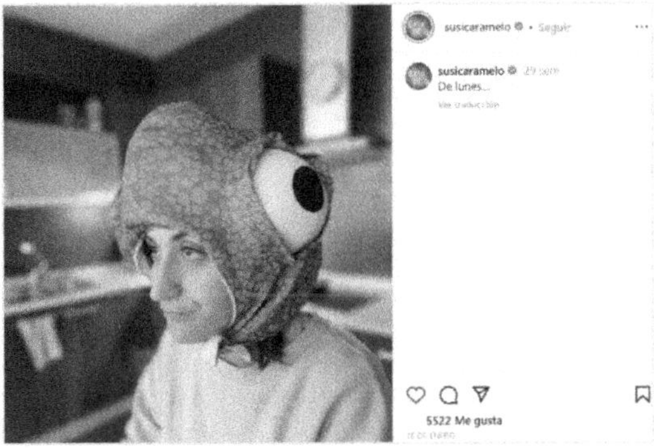

Fig. 25. Mensaje publicado por Susi Caramelo (@susicaramelo). 16-01-2023

Respuesta:

(23b) Jajajaja!!!me meo…..gracias por sacarme una sonrisa ❤

En ocasiones, es el propio seguidor el que haciendo gala de una supuesta relación de amistad con el influyente –en realidad, inexistente–, llega incluso a dirigirle consejos sobre su vida privada:

(24a) Gracias Olivia & Julius for a wonderful weekend! Para aquellos que no hayáis estado os recomiendo visitar Praga 100%! Y si vais tenéis que quedaros en el hotel de mi amigo @thejuliusglobal_ que es la 🍑!! xoxo T

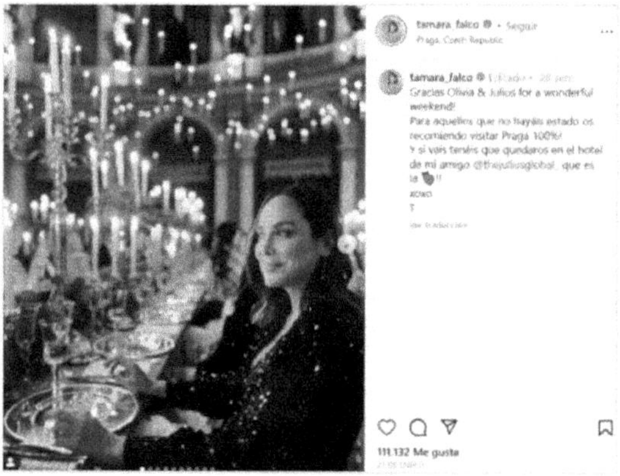

Fig. 26. *Mensaje publicado por Tamara Falcó (@tamara_falco). 23-01-2023*

Respuestas:

(24b) Guapísima como siempre Tamara. Pero cambia de novio, el que engaña una vez te engañar de nuevo. No te lo mereces.

(24c) Tú preciosa, pero me pasa como cuando a mis amigas les hace algo el novio, no puedo ver al Íñigo.

Los consejos representan el 4,8 % de las respuestas a los influyentes y el 4,4 % de los comentarios dirigidos a las influyentes. A veces estos pueden ser interpretados como muestras de descortesía verbal, lo que suscita ataques por parte de otros internautas, como se observa en las respuestas recogidas en (25c), (25d) y (25e), basadas en manifestaciones de ironía con efecto negativo:

(25a) La hora del bibe 😂

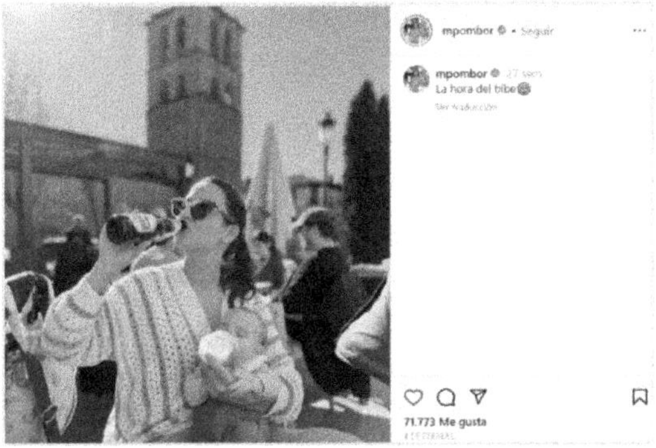

Fig. 27. Mensaje publicado por Marta Pombo (@mpombor). 04-02-2023

Respuestas:

(25b) Y el pecho??

(25c) [contestación al mensaje 25b] @usuario supongo que en la parte superior del tronco, como todo el mundo no??

(25d) [contestación al mensaje 25b] @usuario en el mismo lugar que lo tienes ubicado tú

(25e) [contestación al mensaje 25b] Y tu vida?

6. Análisis de las respuestas de los influyentes

En este punto cabría plantearse, ¿responden los influyentes a los actos directivos que les formulan sus seguidores? O, al menos, ¿manifiestan su agradecimiento por los actos expresivos que estos les dirigen en forma de felicitaciones y cumplidos? Por lo general, no. En el corpus objeto de estudio solo hemos podido localizar 30 intervenciones reactivas publicadas por los influyentes. Son las mujeres las que más respuestas de este tipo formulan (63,3 %) frente a los hombres (36,6 %).

Por lo tanto, a pesar de la relación de afiliación que los influyentes exhiben con sus seguidores, estos no llegan a interactuar realmente con ellos. No obstante, algunos internautas creen firmemente en tal relación de amistad –que no podríamos calificar más que como *simulada*–. Por ejemplo, veáse en (26b) cómo un seguidor asegura que Dani Rovira es "la persona que alegra y llena su día a día" con sus mensajes de Instagram, y otro incluso aprovecha esta supuesta intimidad del perfil –recordemos que este es de carácter público– para confesarle su escaso interés por seguir viviendo (26c):

(26a) #Postuleo 📚❤

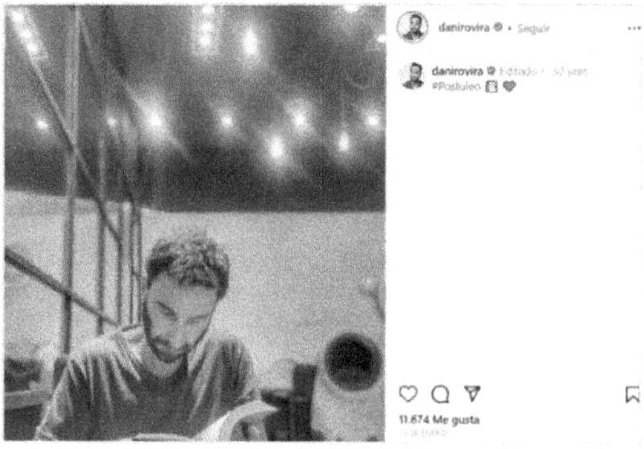

Fig. 28. Mensaje publicado por Dani Rovira (@danirovira). 13-01-2023

Respuestas:

(26b) Hola Dani, Cómo estás?, Q sepas q eres la persona q alegra y llena mi día a día con tus monólogos donde no paro de reír, q sigan tus éxitos y proyectos para q sigas creciendo como persona, un abrazo enorme desde Tenerife, tu nuevo amigo Manuel.

(26c) Eres buen hombre, tú si que debes seguir viviendo! Yo, no tengo ninguna enfermedad pero no quiero vivir más.

Pero no hemos podido encontrar ninguna respuesta por parte de los influyentes a confidencias de este tipo, ni siquiera ante peticiones de ayuda. A pesar de la insistencia de algunos seguidores, como se comprueba con el mensaje de (21a): “Te llego a casa en delivery” (Fig. 23), publicado por @javviercalvo, que recibe diversas respuestas:

(27b) JAVI SOY SUPER FAN TUYA ERES MI IDOLO ME LLAMO MARIA SOY UNA PERSONA LGTBI CON DISCAPACIDAD Y COMO ME HACEN BULLING ME GUSTARÍA PEDIRTE CONSEJO

(27c) [se trata de la misma internauta que en 27b] ES QUE PARA MI VOSOTROS SOIS MI ESPERANZA UN CONSEJO VUESTRO ME AYUDARIA MOGOLLON

(27d) [se trata de la misma internauta que en 27b] HOLA ESTAIS ENFADADOS CONMIGO??

En el corpus analizado solo es posible encontrar respuestas formuladas por los influyentes para defenderse de actos de amenaza hacia su imagen negativa, es decir, de críticas que limitan su libertad de acción. Véase en la siguiente secuencia cómo Verdeliss es criticada por usar un número excesivo de toallitas húmedas y ella interviene para justificarse:

(28a) Venga va, que seguro que encontráis más usos a este rosco edición madre. Para todo lo demás, toallitas @lovyc.es 😷. #lovycare #Verdeliss #Publi

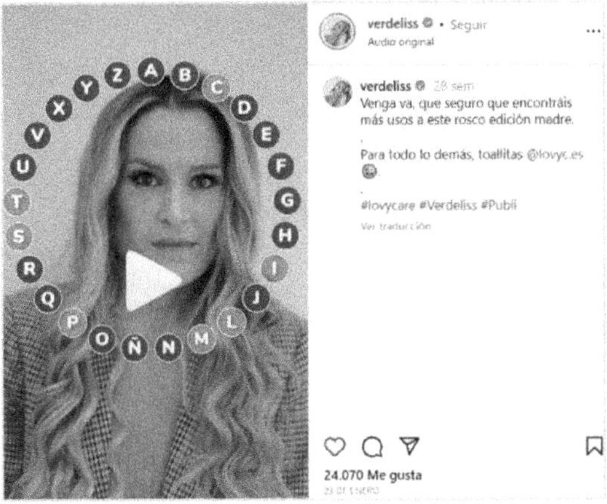

Fig. 29. *Mensaje publicado por Estefanía Unzu (@verdeliss). 29-01-2023*

Respuestas:

(28b) Noo! Utilizando tantas toallitas vamos a acabar con el planeta, el hogar de nuestros hijos cuando crezcan. Por favor, optar por una opción más cuidadosa con el medio ambiente

(28c) [respuesta de @verdeliss a la intervención de 28b] a veces se trata de sobrevivir...procuro ser consciente con el medio ambiente, pero mi vida también es muy acelerada

También las respuestas de los influyentes pueden estar motivadas por una finalidad comercial, es decir, movidas por el objetivo de incentivar la publicación de mensajes sobre el producto que desean promocionar. Una estrategia persuasiva que, como vemos, parece surtir el efecto deseado:

(29a) ¿Que vas a regalar por San Valentín? Regala o regálate placer de @platanomelon 🍑 ¡Con el código CARIÑO tienes un 10% de descuento en su web! Publi #reels #humor

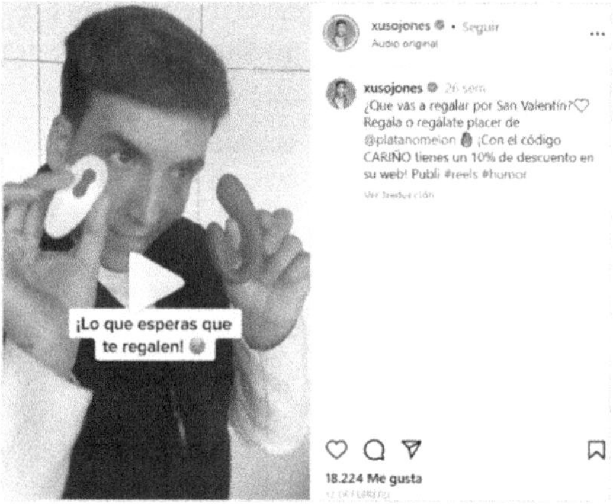

Fig. 30. Mensaje publicado por Xuso Jones (@xusojones). 12-02-2023

Respuestas:

(29b) Y si no te lo regalan, te lo compras... porque tú lo vales

(29c) [respuesta de @xusojones a la intervención de 29b] ¿Los habéis probado? 😌

(29d) [respuesta a la intervención 29c] @xusojones ellos nos han probado a nosotras 😂

(29e) [respuesta a la intervención 29c] @xusojones pues si son lo más🤪🤪🤪

(29f) [respuesta a la intervención 29c] @xusojones pues si sobretodo el último fiel compañero de grandes batallas

(29g) [respuesta a la intervención 29c] Jajajajajajajjja me encanta! Así yo tb quiero regalos por san Valentín (no soy de celebrarlo)

7. Conclusión

A pesar de que Instagram es lo que en *marketing* digital se conoce como una *plataforma positiva* (Markuleta y Errandonea 2020), a la que los internautas acuden en busca de entretenimiento, el humor no se encuentra tan presente en ella como cabría esperar. Ya hemos puesto de manifiesto que, si bien nuestro propósito era recopilar 500 mensajes humorísticos –10 por cada uno de los 50 perfiles seleccionados–, finalmente solo ha sido posible reunir 373 publicaciones en las que se hiciera uso del humor verbal.

La mayoría de los influyentes españoles ha alcanzado cierto renombre por la publicación en esta red social de contenidos vinculados al mundo de la moda, o por realizar una actividad laboral relacionada con la música o con la interpretación, aunque hay también humoristas. Se ha escogido el mismo número de hombres y de mujeres, tratando, además, de que desempeñaran profesiones equivalentes, a fin de poder tener en cuenta la variable de género. Esto nos ha permitido advertir que ellos parecen hacer un mayor uso del humor que ellas. No obstante, la diferencia porcentual no es excesivamente significativa: 191 de las publicaciones fueron redactadas por hombres (51,2 %) y 182 por mujeres (48,79 %).

Por otra parte, tanto en el discurso femenino como en el masculino, parecen utilizarse las mismas estrategias persuasivas para tratar de "captar" seguidores. Así, hemos observado cómo el humor se utiliza fundamentalmente con fines publicitarios, o bien como actividad de autoimagen para la promoción laboral, o para la exhibición del propio aspecto físico. Para tales propósitos se recurre al humor afiliativo, al humor reafirmativo o al autodespreciativo.

En este tipo de publicaciones humorísticas los influyentes desarrollan actividades de autoimagen a través de las cuales muestran su manera de ser mediante operaciones de *carácter autocéntrico* (Fant y Granato de Grasso 2002), es decir, aquellas dirigidas hacia sus propios intereses y que buscan moldear positivamente la imagen que desean presentar ante los demás, al mostrarse como personas ocurrentes y sin complejos, capaces, incluso, de reírse de ellas mismas.

El humor se emplea también como reforzamiento del endogrupo (Van Dijk 1995), para crear solidaridad, potenciando el vínculo con una determinada comunidad de práctica (Romera 2014), la conformada por aquellos internautas que le siguen y que comparten sus intereses. En sus intervenciones reactivas formuladas como comentarios de las publicaciones de los influyentes, estos suelen mostrar su valoración positiva de tales manifestaciones de humor, vehiculada mediante muestras de *cortesía normativa*, como felicitaciones, cumplidos o agradecimientos. Incluso los contenidos publicitarios son aplaudidos. Hay hasta muestras de *humor continuado* (Attardo, 2019), que prolongan la secuencia humorística a lo largo de varias intervenciones, desencadenando lo que Eisterhold, Attardo y Boxer (2006) denominan casos de *mode adoption*, es decir, la reacción al humor mediante el humor. De esta forma, tanto los influyentes como sus seguidores en Instagram muestran no solo su competencia[8] para entender el humor, sino también su capacidad para generarlo. No obstante, tal humor afiliativo puede dar lugar a equívocos, al provocar en algunos seguidores la falsa ilusión de que mantienen una relación de amistad con ese personaje público al que admiran, cuya intimidad pueden ver exhibida ante sus ojos día tras día. Como ha puesto de manifiesto el filósofo José Carlos Ruiz (2023: 23): "El yo privado nunca tuvo una representación tan pública ni estuvo tan ligado a los discursos y valores de las esferas económica y política como lo está ahora".

Referencias

Attardo, S. (1994). *Linguistic theories of humor.* Berlin, Mouton De Gruyter.

Attardo, S. (2001). *Humorous texts: a semantic and pragmatic analysis.* Berlin, Mouton De Gruyter.

Attardo, S. (2019). "Humor and mirth. Emotions, embodied cognition, and sustained humor", en L. J. Mackenzie y L. Alba Juez (eds.), *Emotion in Discourse.* Amsterdam, John Benjamins, 189-211.

Attardo, S. y Raskin, V. (1991). "Script theory revis(it)ed: Joke similarity and joke representation model", *Humor,* 4, 293-347, https://www.degruyter.com/document/doi/10.1515/humr.1991.4.3-4.293/html

Briz Gómez, A. (2004). "Cortesía verbal codificada y cortesía verbal interpretada en la conversación", en D. Bravo y A. Briz Gómez (eds.), *Pragmática sociocultural: estudios sobre el discurso de cortesía en español.* Barcelona, Ariel, 67-93.

Chovanec, J. y Tsakona, V. (2018). "Investigating the dynamics of humor: Towards a theory of interactional humor", en J. Chovanec y V. Tsakona (eds.), *The Dynamics of Interactional Humor. Creating and Negotiating Humor in Everyday Encounters.* Amsterdam, John Benjamins, 1-26.

Coates, J. (2014). "Gender and Humor in Everyday Conversation", en D. Chiaro y R. Baccolini (eds.), *Gender and Humor. Interdisciplinary and International Perspectives.* London/New York, Routledge, 147-164.

Eisterhold, J., Attardo, S. y Boxer D. (2006). 'Reactions to irony in discourse: Evidence of the Least Disruption Principle', *Journal of Pragmatics,* 38 (8), 1239-1256, https://www.sciencedirect.com/science/article/abs/pii/S0378216604002656

8 Attardo (2001), en consonancia con la terminología de Chomsky, distingue entre *humor competence* y *humor performance.*

Fant, L. y Granato de Grasso, L. (2002). “Cortesía y gestión interrelacional: hacia un nuevo marco conceptual”, *SIIS Working Papers*, 4, 1. http://lab1.isp.su.se /iis/

Hay, J. (2000). “Functions of humor in the conversations of men and women”, *Journal of Pragmatics*, 32, 709-742, https://www.sciencedirect.com/science/article/abs/pii/S0378216699000697

Hernández Toribio, M. I. (2021). “Oralidad y publicidad”, *Oralia*, 24, 2, 207-234, https://ojs.ual.es/ojs/index.php/ORALIA/issue/view/346

Holmes, J. (1988). “Paying compliments: a sex-preferential politeness strategy”, *Journal of Pragmatics*, 12, 4, 445-465, https://www.sciencedirect.com/science/article/abs/pii/0378216688900057

Holmes, J. (2006). “Sharing a laugh: Pragmatic aspects of humor and gender in the workplace”, *Journal of Pragmatics*, 38, 26-50, https://www.sciencedirect.com/science/article/abs/pii/S0378216605001281

Interactive Advertising Bureau Spain (2023). *Estudio anual de redes sociales 2023*, https://iabspain.es/iab-spain-presenta-el-estudio-de-redes-socia les-2023/

Kerbrat-Orecchioni, C. (1996). *La conversation*. Paris, Seuil.

Kotthoff, H. (2003). “Responding to irony in different contexts: On cognition in conversation”, *Journal of Pragmatics*, 35, 1387-1411, https://www.sciencedirect.com/science/article/abs/pii/S0378216602001820

Kramer, E. (2011). “The Playful is Political: The Metapragmatics of Internet Rape-Joke Arguments”, *Language in Society*, 40, 2, 137-168, https://www.jstor.org/stable/23011805

Maíz Arévalo, C. y García Gómez, A. (2013). “You look terrific!” Social evaluation and relationships in online compliments”, *Discourse Studies*, 16, 6, 735-760, https://www.jstor.org/stable/24441908

Mancera Rueda, A. y Pano Alamán, A. (2020). *La opinión pública en la red. Análisis pragmático de la voz de los ciudadanos*. Madrid/Frankfurt, Iberoamericana/Vervuert.

Mapelli, G. (2019). “Actividades de imagen en las páginas Facebook de pediatras españoles: el caso de “Lucía, mi pediatra””, *Pragmática Sociocultural / Sociocultural Pragmatics*, 7, 1, 43-69, https://www.degruyter.com/document/doi/10.1515/soprag-2019-0012/html

Markuleta, M. y Errandonea, I. (2020). *Marketing online: Estrategia y táctica en la era digital*. Barcelona, ESIC.

Martin, R. A., Puhlik-Doris, P., Larsen, G., Gray, J. y Weir, K. (2003). "Individual Differences in Uses of Humor and their Relation to Psychological Well-being: Development of the Humor Styles Questionnaire", *Journal of Research in Personality*, 37 (1), 48-75, https://www.sciencedirect.com/science/article/abs/pii/S0092656602005342

Norrick, N. R. (2003). "Issues in conversational joking", *Journal of Pragmatics*, 35, 1333-1359, https://www.sciencedirect.com/science/article/abs/pii/S0378216602001807

Perls, F. S. Hefferline, R. F. y Goodman, P. (2001). *Terapia Gestalt: excitación y crecimiento de la personalidad humana*. La Coruña, Sociedad de Cultura Valle-Inclán.

Placencia, M. E. (2019). "*Qué perfección*: Complimenting Behaviour among Ecuadorian Teenage Girls on Instagram", en E. Ogiermann y P. Garcés-Conejos Blitvich (eds.), *From Speech Acts to Lay Understandings of Politeness*. Cambridge, Cambridge University Press, 93-116.

Raskin, V. (1985). *Semantic Mechanisms of Humor*. Reidel, Dordrecht.

Real Academia Española (2023). "Influencer", *Observatorio de palabras*, https://www.rae.es/observatorio-de-palabras/influencer

Romera, M. (2014). "Humor, género y relación social. El humor como estrategia interaccional", *Feminismo/s*, 24, 41-66, http://rua.ua.es/dspace/handle/10045/48157

Ruiz Gurillo, L. (2012). *La lingüística del humor en español*. Madrid, Arco/Libros.

Ruiz Gurillo, L. (2021). "Disrupted vs. sustained humor in colloquial conversations in peninsular Spanish", *Journal of Pragmatics*, 178, 162-174, https://www.sciencedirect.com/science/article/pii/S0378216621001144?via%3Dihub

Ruiz Gurillo, L. (ed.) (2022). *Interactividad en modo humorístico*. Madrid/Frankfurt, Iberoamericana/Vervuert.

Ruiz, J. C. (2023). *Incompletos. Filosofía para un pensamiento elegante*. Barcelona, Destino.

Schegloff, E. A. (2007). *Sequence Organization in Interaction: A Prime in Conversation Analysis*. Cambridge, Cambridge University Press.

Vanderveken, D. (1990). *Meaning and Speech Acts: Principles of Language Use*, vol. 1. Cambridge, Cambridge University Press.

Van Dijk, T. A. (1995). "Discourse Semantics and Ideology", *Discourse and Society*, 6 (2), 243-289, https://journals.sagepub.com/doi/10.1177/0957926595006002006 https://doi.org/10.1177/0957926595006002006

Wheeler, G. (2002). *La gestalt reconsiderada. Un nuevo enfoque del contacto y de las resistencias*. La Coruña, Sociedad de Cultura Valle-Inclán.

Wolfson, N. (1981). "Compliments in cross-cultural perspective", *TESOL Quarterly*, 15, 2, 117-124, https://www.jstor.org/stable/3586403

Sara Piccioni

Micronarrativas personales: recurso persuasivo en el discurso sobre el cambio climático de ONGs, instituciones y empresas

Resumen: El presente estudio se centra en las narrativas en primera persona utilizadas como mecanismos persuasivos en el discurso sobre el cambio climático de tres grupos de interés: ONGs, instituciones y empresas. El método basado en corpus que se adopta permite la identificación de microsecuencias narrativas que juegan un papel importante en los marcos argumentativos establecidos en los textos. Los resultados indican que el discurso de las ONGs explota de forma mucho más frecuente y eficaz el potencial persuasivo de las narrativas, creando narrativas optimistas y pesimistas: en las primeras, la persuasión va encaminada a hacer que los destinatarios se conviertan en agentes de cambio gracias a mensajes empoderantes; las segundas son narrativas de denuncia, que – al concentrarse en las vivencias de héroes trágicos representantes de las comunidades indígenas en relatos sin desenlace positivo– pueden desalentar la acción climática.

Palabras clave: narrativas personales, persuasión, discurso sobre cambio climático, estudios del discurso asistidos por corpus, España y Latinoamérica.

Abstract: This study focuses on the first-person narratives used as persuasive mechanisms in the climate change discourse by three interest groups: NGOs, institutions and corporations. The corpus-based method adopted allows the identification of narrative micro-sequences that play an important role in the argumentative frameworks established in the texts. Results indicate that NGO discourse exploits the persuasive potential of narratives much more frequently and effectively, creating optimistic and pessimistic narratives: in the former, persuasion is aimed at making recipients become agents of change through empowering messages; the latter are narratives of denunciation, which - by focusing on the experiences of tragic heroes representing indigenous communities in narratives without positive outcomes - can discourage climate action.

Keywords: personal narratives, persuasion, climate change discourse, corpus-assisted discourse studies, Spain and Latin America.

1. Introducción

En el debate global sobre el cambio climático (CC) el discurso persuasivo de la llamada “abogacía climática” ha ido adquiriendo creciente protagonismo a raíz de la necesidad de poner los conocimientos científicos al servicio de la concienciación de individuos, colectivos e instituciones para promover la adopción de políticas, prácticas y conductas (individuales, comunitarias e institucionalizadas) virtuosas y sostenibles. En el ámbito de las ciencias sociales (en particular, de las ciencias del comportamiento y de la comunicación, así como en la sociología) se han avanzado propuestas de pautas comunicativas eficaces para incidir en la conducta social (Fischhoff 2007; McAfee *et al.* 2019; Etchanchu *et al.* 2021), subrayando en particular el rol que juegan las narrativas (*storytelling*) en la comprensión de los problemas y en propiciar cambios de actitud y conductas frente al CC.

El presente estudio se centra en las narrativas utilizadas como mecanismos persuasivos en el discurso sobre CC de tres grupos de interés, a saber: ONGs, instituciones públicas y empresas. El foco recaerá en las narrativas relatadas en tiempo pasado y en primera persona del singular y del plural, para comparar en qué medida, con qué finalidad y de qué manera cada grupo incorpora narrativas personales en su comunicación en la web.

La metodología utilizada se enmarca en el ámbito de los estudios del discurso asistidos por corpus (CADS por su sigla en inglés, cfr. Partington *et al.* 2004; Baker 2006; Baker *et al.* 2011) y adopta una aproximación a la narratología orientada al discurso (De Fina y Georgakopoulou 2012), para propiciar observaciones cuantitativas y cualitativas. Estas parten de la extracción de formas verbales pasadas en primera persona (de singular y plural) en tres subsecciones del corpus ECOCORPUS, correspondientes a textos publicados en la web por ONGs, instituciones públicas y empresas. Los tres corpus incluyen textos producidos en distintos países de habla española y permiten una doble comparación: entre los discursos utilizados por actores sociales portadores de distintos intereses y entre áreas geográficas afectadas de forma desigual por el CC (Gaitán Moya *et al.* 2015; Bravi 2016). La lista de las formas verbales utilizadas en los tres corpus permite identificar secuencias narrativas (micronarrativas) enmarcadas en textos argumentativos, donde cumplen una función testimonial.

En lo que sigue, se introduce el marco teórico del estudio, haciendo referencia a los estudios sobre el poder persuasivo de las narrativas en el discurso sobre el CC (§ 2). En los apartados siguientes, se describen los corpus y la metodología utilizados (§ 3), para luego pasar a ilustrar los resultados del análisis cuantitativo (§ 4) y cualitativo (§ 5 y § 6). En las conclusiones (§ 7), se reflexiona acerca del poder persuasivo de las narrativas y –en línea con los postulados del análisis crítico del discurso (Fairclough 1992; van Dijk 1993) y a partir de los datos recabados en el estudio– se formulan propuestas para un uso eficaz de las narrativas en la comunicación web sobre el CC.

2. Narrativas, persuasión y discurso sobre el CC

Adoptando la concepción clásica aristotélica, por narrativas en este estudio entendemos los actos de narración que relatan una serie de acciones/eventos con un principio, medio y final y que proporcionan, además, una interpretación de su significado y significancia (Aukes *et al.* 2020). Para los fines de nuestro análisis, las narrativas resultan de interés por dos razones: en primer lugar, porque constituyen constructos sociales capaces de hacerse vehículo de ideologías, visiones del mundo e identidades sociales (De Fina y Georgakopoulou 2012); en segundo lugar, porque –en una perspectiva cognitiva– permiten que quien lee se sumerja en un mundo nuevo y lo experimente a través de las experiencias de los protagonistas (Fludernik 2009: 6).

Ambas razones nos indican las narrativas como recursos valiosos en la comunicación científica, donde se ha demostrado que –en tanto que modalidad innata a través de la cual los humanos entendemos y procesamos información (Fisher 1984; Boyd *et al.* 2020)– mejoran la adquisición y retención de información y promueven cambios de creencias, actitudes y comportamientos (McComas y Shanahan 1999; Dahlstrom 2014; Martínez-Conde y Macknik 2017; Morris *et al.* 2019).

Estudios experimentales desde las ciencias cognitivas y la psicología han evidenciado que los efectos persuasivos de las narrativas se deben a su capacidad para propiciar una identificación emotiva de los lectores/la audiencia con los personajes, favoreciendo al mismo tiempo la comprensión y memorización de las tramas (Bullock *et al.* 2021). En cuanto a la eficacia de los mensajes de salud pública, se ha observado que los lectores se involucran de formas distintas en las narrativas según el marco temporal de las historias (por ejemplo, a través del pasado, presente o futuro) (Kim y Nan 2016) y el punto de vista adoptado (Quintero Johnson *et al.* 2021).

En años recientes el valor persuasivo de las narrativas ha ha recibido mucha atención en el ámbito de la comunicación sobre el CC, donde se ha asistido a numerosos llamamientos para que los científicos del clima se conviertan en mejores narradores (Harris 2020). Tanto es así que uno de los seis principios que la organización *Climate Outreach* ha enunciado en su guía para los comunicadores del *Panel Intergubernamental para el Cambio Climático* (IPCC, por sus siglas en inglés) reza:

> Tell a human story: Most people understand the world through anecdotes and stories, rather than statistics and graphs, so aiming for a narrative structure and showing the human face behind the science when presenting information will help you tell a compelling story (Climate Outreach 2018: 5).

El discurso sobre el CC está dominado por distintos grupos de interés (científicos, políticos, empresas, ONGs, medios de comunicación, nuevas generaciones, pueblos indígenas, Norte y Sur del mundo, etc.), cada uno con sus propósitos o agendas persuasivas, encaminadas a promover cambios de políticas, actitudes y comportamientos (Pontrandolfo y Piccioni 2022; Pano Alamán 2023). De ahí la necesidad que doten de historias capaces de influir en cómo las personas conceptualizan el calentamiento global y cómo actúan para responder a sus amenazas (Weingart *et al.* 2000; Wilson 2000; Corbett y Durfee 2004; Dittmer 2005; Hart 2011).

Tal y como apuntan Norton y Hulme (2019: 115), el análisis pormenorizado de las narrativas sobre el CC no solo puede contribuir a exponer las ideas que obstaculizan la acción climática, sino que puede contribuir a crear nuevas narraciones capaces de dirigir a la humanidad hacia un futuro más sostenible. De hecho, para responder a la crisis climática, no es suficiente incidir en las conductas individuales, sino que se hace necesario un cambio radical a nivel de modelos sociales y productivos, que solo pueden surgir y se pueden comunicar a través de repertorios narrativos nuevos. A esto se refiere Korten (2006: 16) cuando señala que "To change the human future, we must change our defining stories". En esta línea, muchos estudios han ahondado en las narrativas usadas en el discurso sobre el CC desde la perspectiva de los estudios (críticos) del discurso y de la ecolingüística (Doyle 2011; Stibbe 2015, entre otros), identificando las huellas que las ideologías y los intereses de distintos grupos dejan en la superficie discursiva.

En el marco de las ciencias de la comunicación, de las ciencias del comportamiento y de la sociología, son numerosas las propuestas que indican pautas comunicativas eficaces para incidir en la conducta social (Fischhoff 2007; McAfee *et al.* 2019; Bloomfield y Manktelow 2021; Etchanchu *et al.* 2021). Haciendo referencia a los elementos narratológicos de la tradición genettiana y laboviana (Labov y Waletzky 1997), en estos estudios se recomiendan, entre otras cosas, la representación de personajes con los cuales el público se pueda identificar (Gustafson *et al.* 2020: 122); la identificación de coordenadas espacio-temporales localizadas y específicas (Bloomfield 2019: 171); la definición de una moral que asocie los objetivos de las políticas sobre el CC a los objetivos y valores de unos personajes concretos (Jones y Peterson 2017).

Dadas estas premisas, el presente estudio combina los métodos propios de los CADS y las aproximaciones a la narratología orientadas al discurso para comparar las narrativas en primera persona en el discurso de ONGs, instituciones y empresas en España y en Latinoamérica. El objetivo final es dar respuesta a las siguientes preguntas de investigación:

1. ¿Qué grupo de interés utiliza las narrativas de forma más frecuente?
2. ¿Quiénes son los personajes, las tramas y los corolarios morales asociados con las narrativas de cada tipo de discurso?
3. ¿Qué efectos persuasivos producen las narrativas utilizadas?

3. Corpus y método

El corpus considerado consta de tres subsecciones del denominado ECOCORPUS, un corpus desarrollado en la Universidad de Chieti-Pescara, que consta de 1.412.492 tokens de textos (escritos y orales) publicados en la web. Para garantizar visibilidad a distintas voces en el discurso sobre el CC, la arquitectura del corpus (Fig. 1) prevé la inclusión de textos producidos por emisores que representan 5 distintos grupos de interés (instituciones políticas, ONGs, empresas, medios de comunicación y colectivos de jóvenes) en 7 países (Chile, Colombia, España, EEUU, Guatemala, México, República Dominicana). Además, quedan representados en el corpus 9 géneros discursivos accesibles en la web (sitios web, informes, artículos publicados en prensa digital, notas de prensa, blogs, mesas redondas, podcast, posts de instagram, charlas TED), que tratan 11 temáticas relacionadas con el CC (véase Fig. 1 para la lista completa). El corpus es accesible de forma libre y gratuita a través de una plataforma NoSketch Engine (Rychlý, 2007) en la página https://corpora.unich.it/weblesp/#open a través del portal *Corpora e comunicazione specializzata @Unich*[1].

1 Disponible en: https://corpora.unich.it/sito/index.html

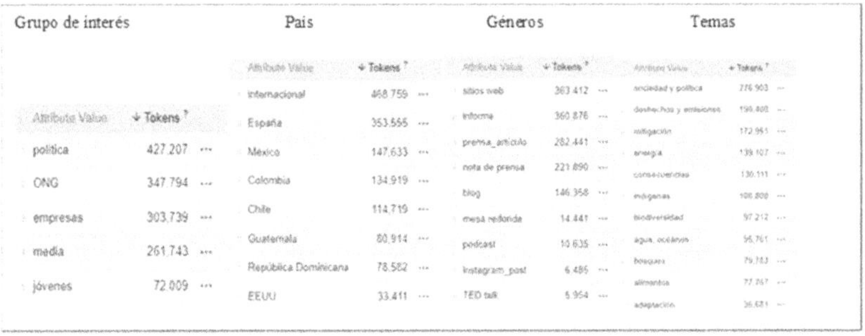

Fig. 1. *Arquitectura del ECOCORPUS según los grupos de interés, países, géneros discursivos y temas representados*

Para responder a las preguntas de investigación formuladas en § 2 se han seleccionado tres subcorpus del ECOCORPUS, correspondientes a los tres grupos de interés que se pretenden comparar, esto es: las ONGs (ECO_ONG), las instituciones (ECO_INST) y las empresas (ECO_EMPR) (Tabla 1).

Tabla 1. Los subcorpus ECO_ONG, ECO_INST y ECO_EMPR

	ECO_ONG	**ECO_INST**	**ECO_EMPR**
Dimensión (tokens)	347.794	427.207	303.739
Ejemplos de entidades representadas	WWF, Ecologistas en acción, Ambiente y Sociedad, Greenpeace	Ministerio para la Transición Ecológica y el Reto Demográfico de España, Euroclima+ (programa de la UE), CEPAL (Comisión Económica de Naciones Unidas para Latinoamérica y el Caribe)	Naturgy, Enel Américas, FEMSA, Ecopetrol
Géneros discursivos	sitios web, blogs, informes, notas de prensa		
Países	España, México, Colombia, Chile, Guatemala, República Dominicana, internacional		

El análisis se realiza en dos fases: primero, se extraen los verbos en tiempos pasados en primera persona del singular y del plural de los 3 corpus y se realiza un estudio cuantitativo para observar la distribución de estas formas en distintos tipos de discurso; segundo, con una aproximación cualitativa, se identifican las narrativas dominantes a partir de la lista de los lemas verbales extraídos de cada corpus, al fin de definir los personajes, las tramas y los corolarios morales asociados con cada una de ellas.

4. Narrativas personales: el valor del testimonio

La Tabla 2 recoge las frecuencias absolutas y normalizadas (entre paréntesis) de los lemas verbales seleccionados y permite observar la distribución de las formas de primera persona del singular y plural en los tres corpus.

Tabla 2. *Frecuencia de verbos en tiempos pasados en primera persona del singular y del plural en los tres corpus. La tabla recoge las frecuencias absolutas y (entre paréntesis) las frecuencias normalizadas por millón de palabras*

	ECO_ONG	**ECO_INST**	**ECO_EMPR**
Pasados 1 p. s. [tag ="V..S1S.*"]	93 (65,85)	23 (16,28)	9 (6,37)
Pasados 1 p. p. [tag ="V..S1P.*"]	97 (68,67)	33 (23,36)	69 (48,85)
Tot.	190 (134,52)	56 (39,64)	77 (55,22)

Como se puede apreciar en la tabla, según las frecuencias normalizadas, en ECO_ONG los verbos considerados tienen una frecuencia más de tres veces mayor que en ECO_INST y más de dos veces mayor que en ECO_EMPR. En cuanto a la distribución de las formas de primera persona de singular y de plural, estas tienen una incidencia parecida en ECO_ONG, mientras que en ECO_INST y ECO_EMPR se observa una preferencia (muy marcada en ECO_EMPR) por las formas plurales. Estos datos demuestran de forma contundente que las narrativas personales se usan de una forma mucho más frecuente en el discurso de las ONGs, mientras que empresas e instituciones adoptan raramente este expediente discursivo en sus textos. Además, empresas e instituciones muestran una preferencia por las formas plurales para hablar de sus propias actuaciones como entidades colectivas –como se verá más adelante–, mientras que en ECO_ONG se da visibilidad tanto a las historias de los colectivos, como a los relatos ejemplares de algunos individuos. En particular, los datos de frecuencia normalizada (Fig. 2) indican que las narrativas personales en ECO_ONG caracterizan los géneros orales (charlas TED, podcasts y mesas redondas), donde tienen la función de cautivar y mantener la atención de la audiencia, mientras que, si se considera la frecuencia absoluta, casi un tercio de todas las formas verbales pasadas de primera persona se encuentran en el género informe. La temática que predomina es la relativa a los pueblos indígenas, cuyas historias personales –como se verá– ofrecen un testimonio significativo de la gravedad de la crisis climática y de su impacto en las vidas cotidianas de las poblaciones más expuestas a los efectos del CC.

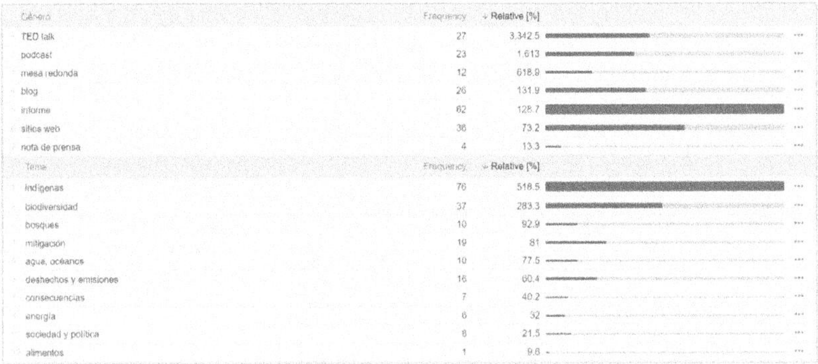

Fig. 2. *Distribución por género y tema de verbos en pasado de 1ª pers. sing. y plur. en ECO_ONG*

Para identificar y caracterizar las narrativas personales, se ha elaborado la lista de los lemas verbales utilizados en tiempos pasados y en las primeras personas en los tres corpus, seleccionando los lemas con frecuencia mayor de 1. Hay que señalar que las listas elaboradas automáticamente por el programa *No SketchEngine* contienen algunos errores de anotación morfosintáctica asociados con las formas verbales ambiguas (p. ej., *contribuimos* que puede ser tanto presente, como pretérito indefinido); para estos casos, se han analizado las concordancias y eliminado los lemas que se utilizaban exclusivamente en presente.

La Tabla 3 recoge los lemas correspondientes a cada corpus; se han marcado en negrita los lemas que aparecen exclusivamente en el corpus concreto que se considera y no en los otros dos, ya que serán estos el punto de partida de nuestro análisis de narrativas.

Tabla 3. *Lemas verbales usados en pretérito indefinido y en 1ª persona en los tres corpus, ordenados por frecuencia descendiente (número de ocurrencias)*

ECO_ONG		ECO_INST		ECO_EMPR	
tener	18	ver	9	**contribuir**	**13**
decir	**14**	poder	5	consumir	10
consumir	13	hacer	5	asumir	7
ver	8	tener	3	ver	6
estar	**8**	obtener	3	obtener	4
dar	**8**	incluir	3	**establecer**	**4**
recibir	**6**	consumir	3	cumplir	4
poder	6	construir	3	**reducir**	**3**
percibir	**6**	asumir	3	poner	2
ir	**6**	**regresar**	**2**	incluir	2
hacer	6			hacer	2
obtener	5			construir	2
sentir	**3**			**comprometer**	**2**
salir	**3**				
realizar	**3**				
llegar	**3**				
empezar	**3**				
cumplir	3				
construir	3				
argumentar	**3**				
querer	**2**				
proponer	**2**				
preguntar	**2**				
poner	2				
pensar	**2**				
participar	**2**				
meter	**2**				
ganar	**2**				
dirigir	**2**				
conocer	**2**				
comenzar	**2**				
aprender	**2**				
TOT. 32 (23 exclusivos)		TOT. 10 (1 exclusivo)		TOT. 13 (4 exclusivos)	

No sorprende que ECO_ONG sea el corpus que más variedad de lemas verbales utiliza; sin embargo, hay que subrayar que la diferencia cuantitativa con los demás corpus es muy marcada, lo que indica una mayor variedad léxica en este corpus, caracterizado por formas verbales poco utilizadas en el discurso de otros grupos de interés.

En los tres corpus el análisis de estos lemas verbales permite la identificación de secuencias que se perfilan como micronarrativas en primera persona inscritas en un marco argumentativo, con regularidades significativas en cuanto al perfil de los narradores/personajes, el tipo de tramas que estos protagonizan y los corolarios morales que las acompañan. En los apartados que siguen se ilustran las micronarrativas observadas y los marcos argumentativos en los que se inscriben.

5. Narrativas personales en ECO_ONG

5.1 Lemas verbales y micronarrativas

La Tabla 4 clasifica los verbos en primera persona del pasado del corpus ECO_ONG según la categorización semántica tradicional de la lingüística funcional (Leech 1971; Halliday 1985/1994; Morley 2000), identificando en las cuatro macrocategorías (verbos de proceso material, mental, verbal y relacional) subgrupos semánticamente afines. Los datos demuestran un marcado predominio de los verbos que indican proceso material (12 de los 23 lemas considerados) y, entre estos, una proporción importante (5) de verbos de movimiento (*ir*, *salir*, *llegar*, *meter*, *dirigir*); tienen menor peso cuantitativo los verbos que prevén un beneficiario (*dar*, *recibir*) y los que indican un momento temporal en un proceso (*empezar*, *comenzar*). Siguen por mayor frecuencia los verbos de proceso mental, con 6 formas en total, divididas en verbos de percepción (*percibir*, *sentir*), de cognición (*pensar*, *conocer*, *aprender*) y de afecto (*querer*) (Vanhoe 2004). Cierran la serie los verbos de proceso verbal (*decir*, *argumentar*, *proponer*, *preguntar*) y un único verbo de proceso relacional (*estar*).

Tabla 4. *Clasificación semántica de los lemas verbales en ECO_ONG con el total de ocurrencias*

proceso material	proceso mental	proceso verbal	proceso relacional
dar recibir ir salir llegar meter dirigir realizar participar ganar empezar comenzar	percibir sentir pensar conocer aprender querer	decir argumentar poponer preguntar	estar
Tot. 12	**Tot. 6**	**Tot. 4**	**Tot. 1**

Esta clasificación semántica permite la identificación de una serie de regularidades en la construcción de las narrativas y, en última instancia, la denominación de dos tipos de narrativas personales dominantes en ECO_ONG (cf. § 5.3).

Los verbos de movimiento corresponden en su mayoría a usos literales, que indican el desplazamiento físico a menudo hacia lugares afectados por el CC (1) o a escenarios de lucha y protesta ambientalistas (2):

(1) Pronto llegué a la cima de una colina.
(2) fuimos no para pelear sino para escuchar al ministro que iba a estar presente.

El desplazamiento físico también se asocia a cambios de vida radicales ("decidieron irse de la ciudad al campo para vivir una vida simple"), que se viven como momentos epifánicos de toma de conciencia de la crisis ambiental:

(3) Nos iba a todo dar, pero tuvimos una crisis existencial y decidimos salirnos y aprender a vivir los principios de la vida simple.

Además de estos usos literales, el corpus recoge algunos usos figurados, que indican decisiones existenciales (4), y usos perifrásticos de valor durativo (5), que subrayan la gestación, duración y esfuerzo que comportan las acciones de defensa del medioambiente que emprende el sujeto narrador. La misma idea de larga gestación y esfuerzo se asocia con las formas durativas con base en el verbo *estar* (6):

(4) Y me metí a mercadotecnia porque mi familia es libanesa y me encantan las ventas.

(5) Todo esto, la idea conceptual la fuimos desarrollando durante 6 meses dentro del equipo para un concurso.

(6) Estuvimos organizando y enviando los plátanos, las yucas, otros alimentos para las movilizaciones, acompañamos en la organización de las actividades en los lugares de movilización.

El verbo *dar* se usa casi exclusivamente en la locución *darse cuenta*, que marca un momento de toma de conciencia por parte de los narradores de algún hecho relacionado con el CC:

(7) No obstante, pronto me di cuenta de que había mucha menos información sobre los plásticos en el mar de lo que pensábamos.

El mismo énfasis en los procesos de toma de conciencia se expresa a través de los verbos de cognición, introducidos en algunos casos por los verbos *comenzar/empezar* (8), mientras que los verbos de percepción y afecto expresan los sentimientos –de tristeza o de asombro– generados por el contacto de los seres humanos con la naturaleza (9-10):

(8) La noche del derrumbe, mientras estaba en mi litera intentando descansar algo antes del amanecer y todavía en alerta, comencé a reflexionar sobre la responsabilidad de la desgracia.

(9) "La noche que llegué sentí todo apagado, tuve sueños extraños, tuve miedo", comenta con ansiedad, sabe que se están perdiendo las líneas de conexión entre lo espiritual y el territorio, y eso es algo que la entristece.

(10) [...] cuando pude sobrevolar la Amazonía con mis compañeros de WWF y bueno, pues me puse a llorar como una Magdalena, no le digo más porque era tal la belleza que me sentí completamente sobrepasada y, pues la emoción me sobrepasó y me puse a llorar como una niña, allí en la avioneta, o sea, que fue algo que me ha marcado mucho.

Los verbos de proceso verbal se encuentran casi exclusivamente en primera persona de singular e indican normalmente las dinámicas dialécticas que llevan a la toma de decisiones o al desarrollo de las luchas políticas ambientalistas, que se caracterizan de esta forma como diálogos e interlocuciones entre distintos grupos de interés:

(11) Yo le dije "disculpen, ustedes tienen muy buena intensión [*sic*], pero si entuban el agua ¿de dónde toman los animales? ¿de dónde se riega?"

5.2 Los personajes

En cuanto a los personajes que pueblan las tramas narrativas ocasionadas por los verbos en primera persona, se observa que el *yo* se refiere a dos tipos principales de narradores/protagonistas. Por un lado, tenemos al/a la activista, empresario/a, científico/a que conforma un protagonista heróico y que -en el marco de una vida privilegiada- dedica esfuerzos profesionales y personales significativos para poner sus conocimientos y competencias al servicio de la causa ambientalista. Por otro lado, el *yo* es un héroe trágico, encarnado por un/a representante de las comunidades indígenas, cuya vida se ve trágicamente afectada por los desastres naturales y las injusticias sociales causados por la explotación de los recursos naturales por parte de las grandes corporaciones, con el beneplácito de un sistema político injusto.

Cuando el sujeto es plural, el *nosotros* se refiere, casi siempre, a los colectivos indígenas. En los tres casos se trata de protagonistas caracterizados por una superioridad de conocimientos y un más elevado nivel de concienciación, que les otorgan también una superioridad moral. Si en el caso del protagonista "experto" la superioridad atañe a conocimientos relacionados con evidencias científicas, en el caso de las poblaciones indígenas la superioridad moral se asocia con los conocimientos ancestrales que derivan del contacto con la naturaleza y la unión espiritual con esta:

(12) Les dije "¿cuál es el mecanismo para que sean incorporados los conocimientos de las comunidades que ya han demostrado ser una alternativa eficaz, menos costosa, a otras estrategias de remediación pero que requiere organización, acompañamiento e inversión?"

(13) También tenemos esa percepción muy desarrollada: si no fuera por la madre tierra, la madre naturaleza, nosotros ¿de qué vamos a vivir?, ¿de qué vamos a comer?, ¿qué vamos a respirar?, ¿qué vamos a tomar?

Las características de estos protagonistas/narradores solo parecen propiciar una identificación de tipo aspiracional por parte del destinatario, que puede desear identificarse con la superioridad moral de los héroes representados, abrazando sus valores y principios éticos.

Los antagonistas de las micronarrativas tienden a identificarse con las empresas, especialmente las grandes corporaciones culpables de la explotación de los recursos naturales (14), y con las instituciones políticas (15), incapaces de liderar un cambio hacia un modelo de sostenibilidad ambiental que sea también socialmente justo:

(14) Así que cuando comenzó a amanecer ya tenía claro quiénes éramos las víctimas (los turistas, y sobre todo las personas trabajadoras y habitantes locales), y quiénes los culpables: los directivos de las compañías que han estado trabajando para que sigamos quemando gas, petróleo y carbón, sabiendo que a ellos les iba a enriquecer, y a los demás nos iba a perjudicar (como ya está haciendo).

(15) Las luchas por la sobrevivencia de los pueblos indígenas en el Istmo de Tehuantepec ilustra la continuidad histórica de la desigualdad y el abuso de poder. Esta situación contrasta con los esfuerzos de los gobiernos mexicanos para cumplir con los compromisos del cambio climático y la Agenda de Desarrollo Sostenible 2030. Al mismo tiempo, no se han realizado esfuerzos para asegurar la autonomía, la autodeterminación y la sobrevivencia de los pueblos indígenas, ya sea con gobiernos de centro-derecha o de izquierda, como el de AMLO.

El rol antagónico de las instituciones es muy evidente en los relatos asociados con las luchas de las poblaciones indígenas, donde los activistas ambientalistas son blanco de la violencia corporativa, que goza del beneplácito de las instituciones:

(16) [...] fuimos no para pelear sino para escuchar al ministro que iba a estar presente, allí participaron más de cinco mil ronderos y nos dimos con la sorpresa: nos tiraban bombas y balas desde los helicópteros con cientos de policías para atacarnos.

Coprotagonista simbólica de los microrrelatos es a menudo la naturaleza, interpretada a través de dos prismas morales distintos: por un lado, la naturaleza como recurso material, cuya defensa permite activar un ciclo virtuoso capaz de conjugar ventajas ambientales y económicas; por el otro, la naturaleza-madre, a la que el ser humano está unido en virtud de un vínculo que es al mismo tiempo material y espiritual.

5.3 Tramas, marcos argumentativos y corolarios morales

Protagonistas y antagonistas dan vida a dos tipos de micronarrativas recurrentes, las optimistas y las pesimistas, que se diferencian principalmente por el tipo de marcos argumentativos en los que se inscriben. El elemento que ambos repertorios narrativos comparten es la idea de esfuerzo que subyace al compromiso y la lucha de los protagonistas, marcados lingüísticamente sobre todo por el uso de formas durativas con *ser* y *estar*. Como ya se ha mostrado en los ejemplos (5) y (6), se insiste en la idea de que las acciones en defensa del medioambiente –ya sea en forma de investigación científica, trabajo al servicio de una ONG o lucha y protesta política– requieren un compromiso duradero y constituyen procesos plagados de dificultades y sacrificios:

(17) Solo por contar una anécdota de cuando fuimos a exigir el cierre de la pesca de arrastre en 2011: de la mala mar que teníamos se rompió la cocina y tuvimos que cerrar y bloquear este espacio en el barco. Así que estuvimos varios días, hasta llegar a puerto, alimentándonos a base de sandwiches (quien podía tragar algo). [...] Y junto con el voluntariado presionamos muchas veces, en muchas salidas y mesas informativas a los supermercados para que dejaran de ofrecer estas especies en sus estanterías porque destruyen el océano. Y luego muchas, pero muchas, muchísimas, reuniones políticas, con el sector pesquero artesanal y con otras ONGs.

Las narrativas optimistas normalmente se asocian con el primer tipo de narrador (protagonista heróico) y arrancan de un evento epifánico, marcado por el uso de verbos de proceso mental que detallan los procesos de concienciación y toma de decisión. El evento que genera la toma de conciencia puede ser un desastre natural (como en los ejemplos 8 y 14, donde la experiencia de una avalancha durante una excursión turística desata una reflexión acerca de las responsabilidades del CC), una crisis existencial que ocasiona un drástico cambio de vida (como en el ejemplo 3, en que la protagonista y su familia se mudan de la ciudad a la sierra, tomando conciencia de la lacra de la deforestación masiva), o simplemente una actividad en contacto con la naturaleza (p. ej., la recogida de plástico en una playa en 7). La toma de conciencia desencadena una respuesta por parte del protagonista/narrador, que puede ser una acción o una serie de acciones encaminadas a dar solución al problema identificado (por ejemplo, crear una asociación para hacer presión política y financiar programas de reforestación; emprender programas de investigación científica); o una reflexión –basada en evidencias científicas– que pueda contribuir a la concienciación del público.

Se trata de narrativas optimistas porque el relato personal presenta una acción individual o colectiva exitosa, que se inserta en un marco argumentativo de tipo motivacional, en que el éxito de un individuo o de una acción demuestra la posibilidad y capacidad que todos los individuos tienen de marcar la diferencia y contribuir a la lucha contra el CC. De hecho, muchas de estas micronarrativas terminan con un llamado directo o indirecto a la acción, con una clara intención motivacional y de empoderamiento de la ciudadanía:

(18) No nos queda mucho tiempo pero es fácil hacerlo y podemos hacerlo.

(19) Mi enhorabuena al compromiso de todas las personas que han formado parte de esta victoria. ¡A por la siguiente!

Como corolarios morales, estas narrativas promueven una actitud optimista hacia el ser humano, la sociedad y la ciencia, identificados como motores positivos del cambio. A menudo la lucha al CC se presenta como una oportunidad (personal y económica), obliterando y recomponiendo el conflicto que se establece tradicionalmente entre el amor por la naturaleza y su defensa, por un lado, y el crecimiento económico, por el otro.

Si se consideran las narrativas pesimistas, se observa que los protagonistas son con frecuencia los representantes de las comunidades indígenas, víctimas de los desastres ambientales ocasionados por la explotación intensiva de los recursos naturales. Los relatos son historias de lucha política sin un desenlace real, o bien testimonios encaminados a ilustrar la relación entre naturaleza y seres humanos, con un fuerte énfasis en la dependencia de los segundos de la primera (20) y en los sentimientos de tristeza ocasionados por la pérdida del "paraíso" en la Tierra (21):

(20) Comemos, bebemos y vivimos de la tierra y del entorno. [...] También tenemos esa percepción muy desarrollada: si no fuera por la madre tierra, la madre naturaleza, nosotros ¿de qué vamos a vivir?, ¿de qué vamos a comer?, ¿qué vamos a respirar?, ¿qué vamos a tomar?

(21) Alguna vez vimos esto con vida. Es normal que sea un área seca porque somos del Chaco. Hay sonidos del ambiente que te manifiestan que hay vida ahí. Sentir este silencio del viento, es desolador.

Estos microrrelatos conforman secuencias narrativas que funcionan como argumentos en marcos encaminados a la denuncia de un estado de cosas, sin que se divise o proponga una solución a los problemas:

(22) [...] cuando las inversiones en energías renovables violan los derechos humanos, como la paz y la justicia, el Estado y las empresas tienen la obligación de aplicar su creatividad e innovación para proteger y garantizar el cumplimiento de los derechos humanos de los pueblos indígenas en condiciones de vulnerabilidad. De lo contrario, el discurso de mitigar los efectos del cambio climático es solo un recurso discursivo que continúa el colonialismo interno a través de las inversiones eólicas.

6. Narrativas personales en ECO_INST y ECO_EMPR

El único verbo que se utiliza exclusivamente en el corpus ECO_INST (y no en los otros dos) es *regresar*, que se utiliza figurativamente para indicar un cambio de carrera profesional de componentes de las comunidades andinas de Ecuador y Perú:

(23) Yo trabajaba en la costura, pero quebró, regresé a la agricultura y al campo sin saber, junto con mi esposa. Ahora sacamos lo básico, pero los dos, no solo una

persona. Cuando trabajaba en la fábrica, mi esposa se encargaba sola del terreno, ella hacía más, ahora cambió, los dos trabajamos igual. Ahora arrendamos tierra para trabajar.

El texto en el que se insertan estas micronarrativas es un informe de la agencia Euroclima+ sobre programas que tienen por objetivo fomentar la resiliencia de las comunidades andinas frente al CC. En el informe los microrrelatos aparecen como citas o epígrafes descontextualizados: no sabemos quiénes son los narradores, ni qué les pasa antes o después de la microsecuencia narrativa que se presenta. El valor testimonial de estos fragmentos parece residir en su capacidad de proporcionar un apoyo argumentativo a las propuestas de acción política avanzadas en el documento, para demostrar que corresponden a objetivos identificados a partir de las necesidades económicas y sociales de los individuos y las familias que integran las comunidades en que actúa la institución:

(24) Posibles soluciones 1. Sensibilizar a la ciudad sobre el valor de la agricultura. 2. Motivar a los jóvenes de las asociaciones a continuar con la labor agropecuaria. 3. Crear fuentes de empleo local, impulsar los emprendimientos y regularizar los precios de comercialización.

Pasando a ECO_EMPR, los verbos típicos de este corpus son *contribuir*, *establecer*, *reducir* y *comprometer*, utilizados exclusivamente en la primera persona del plural, identificando como narrador a la empresa que se presenta como entidad colectiva:

(25) En 2021 contribuimos a la recuperación de bosques quemados con la plantación, de forma progresiva, de 4.000 árboles.

(26) Entre 2010 y 2021 redujimos un 57% el uso de agua en nuestras fábricas en España.

Como demuestran los ejemplos, en este caso las secuencias narrativas se centran en la actuación de la empresa y en su contribución a la limitación del impacto negativo de sus actividades productivas. Es interesante notar la presencia del verbo *reducir* en esta lista. De hecho, el verbo es mucho más frecuente en ECO_EMP (1.731,75 por millón) que en ECO_ONG (787,82 por millón) y ECO_INST (896,52 por millón); además, en ECO_EMP *reducir* (526 ocurrencias) es cinco veces más frecuente que su contrario *aumentar* (106), lo que parecería desmentir la centralidad del "crecimiento" como objetivo principal de las actuaciones de las empresas, potencialmente con el efecto de quitarles visibilidad a las consecuencias negativas del CC como, por ejemplo, el aumento de las temperaturas. En conjunto, estos datos sugieren que la comunicación empresarial privilegia el foco en lo positivo (el compromiso con la reducción de emisiones), sin dar visibilidad a lo negativo (aumento de la producción y de las temperaturas), reduciendo así la complejidad de los fenómenos y de los problemas tratados, para resaltar las soluciones.

7. Conclusiones

El análisis comparativo realizado en este estudio ha permitido identificar una serie de microsecuencias narrativas en primera persona que juegan un papel importante en los marcos argumentativos establecidos en los textos. Los datos cuantitativos han evidenciado que la frecuencia de estas micronarrativas es mucho más alta en el discurso de las ONGs que en el de instituciones y empresas. Estas últimas, además, muestran una preferencia por las formas plurales para hablar de sus propias actuaciones como entidades colectivas, mientras que en ECO_ONG se da igual visibilidad a las historias de los colectivos y de los individuos, con una variedad léxica en el uso verbal mucho más marcada que en los otros dos corpus.

El análisis cualitativo ha permitido dar respuesta a la segunda y tercera preguntas de investigación formuladas en § 2. Así, las regularidades que se han detectado apuntan a la existencia en ECO_ONG de dos tipos de micronarrativas recurrentes, las optimistas y las pesimistas, ambas basadas en el encuadre del esfuerzo, ya que representan el compromiso de individuos y colectivos con el medioambiente como un camino caracterizado por dificultades y sacrificios. En cuanto a las diferencias entre los dos tipos de narrativas, las optimistas se asocian con las acciones de protagonistas que ponen sus conocimientos al servicio de la causa ambientalista desde una posición de superioridad moral. Sus historias son exitosas y pretenden demostrar que cada uno puede contribuir a la lucha contra el CC: se trata, por lo tanto, de narrativas empoderantes en que la persuasión va encaminada a hacer que cada uno se convierta en agente de cambio.

Las narrativas pesimistas, en cambio, se perfilan como narrativas de denuncia, protagonizadas a menudo por representantes de las comunidades indígenas con función de héroes trágicos, cuyas historias personales demuestran la gravedad del impacto económico y social del CC en estas comunidades. La falta de un desenlace positivo indica que la intención persuasiva de estas micronarrativas es generar indignación entre el público, para concienciarlo y moverlo a la acción. Sin embargo, frente a las narrativas optimistas, las pesimistas presentan el riesgo de fomentar fatalismo e inacción.

La escasez de micronarrativas de ECO_INST y ECO_EMPR es indicativa del rol secundario que estos recursos persuasivos desempeñan en la comunicación de estos grupos de interés. En ECO_INST los narradores son representantes de las comunidades indígenas, cuyo testimonio se inserta en el marco argumentativo de los informes para demostrar que las propuestas políticas avanzadas están basadas en un análisis de la realidad en la que se quiere incidir. Su valor persuasivo reside, por lo tanto, en el apoyo argumentativo con el que respaldan las acciones de las instituciones emisoras de los textos. En ECO_EMPR, por otra parte, las narrativas sirven para ilustrar las actuaciones ambientalistas de las empresas, privilegiando el foco en los elementos positivos (el compromiso con la reducción de emisiones), sin dar visibilidad a los negativos (impacto de las actividades productivas en el medioambiente). El resultado es una reducción de la complejidad de los fenómenos tratados, que permite resaltar las soluciones omitiendo los problemas, en un posible intento de *greenwashing*.

En conclusión, el discurso de las ONGs parece explotar de forma mucho más eficaz el potencial persuasivo de las narrativas, haciendo hincapié en mensajes optimistas y pesimistas, aunque estos últimos puedan desalentar a la acción climática. En consideración del importante rol que las instituciones políticas están llamadas a desempeñar en la gestión y lucha al CC, parecería oportuno que ellas también se dotaran de narrativas optimistas para resultar más persuasivas en la presentación de su compromiso con el medioambiente frente a la ciudadanía y las empresas.

Referencias

Aukes, E. J., Bontje, L. E y Slinger, J. H. (2020). "Narrative and Frame Analysis: Disentangling and Refining Two Close Relatives by Means of a Large Infrastructural Technology Case", *Forum Qualitative Sozialforschung Forum: Qualitative Social Research*, 21, 2, Article 28.

Baker, P. (2006). *Using Corpora in Discourse Analysis*. London, Continuum.

Baker, P., Gabrielatos, C., KhosraviNik, M., Krzyżanowski, M., McEnery, T. y Wodak, R. (2011). "¿Una sinergia metodológica útil? Combinar análisis crítico del discurso y lingüística de corpus para examinar los discursos de los refugiados y solicitantes de asilo en la prensa británica", *Discurso & Sociedad*, 5, 2, 376-416.

Bloomfield, E. F. (2019). *Communication Strategies for Engaging Climate Skeptics: Religion and the Environment*. London/New York, Routledge.

Bloomfield, E.F. y Manktelow, C. (2021). "Climate communication and storytelling", *Climatic Change*, 167, 34, 1-7.

Boyd, R.L., Blackburn K.G. y Pennebaker, J. W. (2020). "The narrative arc: revealing core narrative structures through text analysis", *Science Advances,* 6, 32, 1-9.

Bravi, C. A. (2016). "Representaciones sociales de la inundación. Del hecho físico a la mirada social", *Redes.com: Revista de estudios para el desarrollo social de la comunicación*, 13, 133-166.

Bullock, O. M., Shulman, H. C. y Huskey, R. (2021). "Narratives are Persuasive Because They are Easier to Understand: Examining Processing Fluency as a Mechanism of Narrative Persuasion", *Frontiers in Communication*, 6, 1-12.

Climate Outreach. (2018). *Communications Handbook for IPCC Scientists.*

Corbett, J.B. y Durfee, J.L. (2004). "Testing public (un)certainty of science: media representations of global warming", *Science Communication,* 26, 2, 129-151.

Dahlstrom, M. F. (2014). "Using narratives and storytelling to communicate science with non expert audiences", *Proceedings of the National Academy of Sciences,* 111, 4, 13614-13620.

De Fina, A. y Georgakopoulou, A. (2012). *Analyzing narrative: Discourse and sociolinguistic perspectives.* Cambridge, Cambridge University Press.

Dittmer, J. (2005). "Captain America's empire: reflections on identity, popular culture and post 9/11 geopolitics", *Annals of the Association of American Geographers,* 95, 626-643.

Doyle, J. (2011). *Mediating Climate Change.* Farnham, Ashgate.

Etchanchu, H., Kassardjian, E., Jahier, A., Linczenyiova, E. y Lecorre, P. (2021). *How to communicate effectively to foster climate action: The role of emotions, science education, social norms, and youth movements.* ICF Next, https://cdurable.info/wp-content/uploads/2022/07/icf-next-climate-communications-report-847.pdf

Fairclough, N. (1992). *Discourse and social change.* Cambridge, Polity Press.

Fisher, W. R. (1984). "Narration as a human communication paradigm: the case of public moral argument", *Communication Monographs,* 51, 1, 1-22.

Fischhoff, B. (2007). "Non-persuasive Communication about Matters of Greatest Urgency: Climate change", *Environmental Science and Technology,* 41, 21, 7204-7208.

Fludernik, M. (2009). *An Introduction to Narratology.* London/New York, Routledge.

Gaitán Moya, J. A., Piñuel Raigada, J. L. y Lozano Ascencio, C. (2015). "Reajuste entre discurso y conocimiento del riesgo en la comunicación social de la resiliencia ante el cambio climático". *Razón y palabra,* 91, 1-34.

Gustafson, A., Ballew, M. T., Goldberg, M. H., Cutler, M. J., Rosenthal, S. A. y Leiserowitz, A. (2020). "Personal stories can shift climate change beliefs and risk perceptions", *Communication Reports,* 33, 3, 121–135.

Halliday, M. A. K. (1985/1994). *An Introduction to Functional Grammar.* London/New York, Routledge.

Harris, D. (2020). "Telling stories about climate change", *Professional Geographer,* 72, 3, 309-316.

Hart, P.S. (2011). "One or Many? The influence of episodic and thematic climate change frames on policy preferences and individual behavior change", *Science Communication,* 33, 1, 28-51.

Jones, M. D. y Peterson, H. (2017). "Narrative persuasion and storytelling as climate communication strategies", en M.C. Nisbet, S.S. Ho, E. Markowitz, S. O'Neill, M.S. Schafer y J. Thaker (eds.), *Oxford Research Encyclopedia of Climate Science*, Oxford University Press.

Kim, J. y Nan, X. (2016). "Temporal Framing Effects Differ for Narrative Versus Non-Narrative Messages: The Case of Promoting HPV Vaccination", *Communication Research,* 46, 3, 401-417.

Korten, D. (2006). *The Great Turning: From Empire to Earth Community.* Oakland, Berrett-Koehler.

Labov, W. y Waletzky, J. (1997). "Narrative analysis: Oral versions of personal experience", *Journal of Narrative & Life History,* 7, 1-4, -38.

Leech, G. (1971). *Meaning and the English verb.* London, Longman.

McAfee, D., Doubleday, Z. A., Geiger, N. y Connell, S. D. (2019). "Everyone Loves a Success Story: Optimism Inspires Conservation Engagement", *BioScience,* 69, 4, 274-281.

McComas, K. y Shanahan, J. (1999). "Telling stories about global climate change: measuring the impact of narratives on issue cycles", *Communication Research,* 26, 1, 30-57, https://psycnet.apa.org/doi/10.1177/009365099026001003

Martínez-Conde, S. y Macknik, S. L. (2017). "Opinion: finding the plot in science storytelling in hopes of enhancing science communication", *Proceedings of the National Academy of Sciences,* 114, 31, 8127–8129.

Morley, D. G. (2000). *Syntax in functional grammar.* London, Continuum.

Morris, B. S., Chrysochou, P., Christensen, J. D., Orquin, J. L., Barraza, J., Zak, P. J. y Mitkidis, P. (2019). "Stories vs. facts: triggering emotion and action-taking on climate change", *Climatic Change, 154,* 1, 19-36.

Norton, C. y Hulme, M. (2019). "Telling one story, or many? An ecolinguistic analysis of climate change stories in UK national newspaper editorials", *Geoforum,* 104, 114-136.

Partington, A., Morley, J. y Haarman, L. (Eds.) (2004). *Corpora and Discourse.* Bern, Peter Lang.

Pano Alamán, A. (2023). "Encuadres discursivos sobre el cambio climático en la comunicación política española en Twitter", *Cuadernos AISPI,* 22, 99-119.

Pontrandolfo, G. y Piccioni, S. (2022). *Comunicación especializada y divulgación en la red: aproximaciones basadas en corpus.* London/New York, Routledge.

Quintero Johnson, J. M., Sangalang, A. y Park, S.Y. (2021). "First-Person, Third-Person, or Bystander? Exploring the Persuasive Influence of Perspective in Mental Health Narratives", *Journal of Health Communication,* 26, 4, 225-238.

Rychlý, P. (2007). "Manatee/Bonito – A Modular Corpus Manager", en *1st Workshop on Recent Advances in Slavonic Natural Language Processing.* Brno, Masaryk University.

Stibbe, A. (2015). *Ecolinguistics: Language, Ecology and the Stories We Live By.* London/New York, Routledge.

Vanhoe, H. (2004). *Aspectos de la sintaxis de los verbos psicológicos en español. Un análisis léxico funcional.* Bern, Peter Lang.

Van Dijk, T. A. (1993). "Principles of critical discourse analysis", *Discourse & Society,* 4, 2, 249-83.

Weingart, P., Engels, A. y Pansegrau, P. (2000). "Risks of communication: discourses on climate change in science, politics, and the mass media", *Public Understanding of Science,* 9, 3, 261-283.

Wilson, K. (2000). "Communicating climate change through the Media: Predictions, Politics and Perceptions of Risk", en S. Allan, B. Adam y C. Carter (eds.), *Environmental Risks and the Media.* London/New York, Routledge, 201-217.

Álvaro Ferré Galvañ y María Teresa Martín Sánchez*

Estrategias de argumentación persuasiva en las campañas de vacunación

Resumen: El presente trabajo se centra en el análisis de las campañas de vacunación promovidas por hospitales españoles e italianos publicadas en sus páginas web a través de vídeos y cartelería con carácter multimodal. Si bien la competencia argumentativa se puede desarrollar desde cualquier género o modalidad textual, en el campo de la medicina la argumentación persuasiva está muy presente con el objetivo de convencer a la población a vacunarse, por lo que, se ha intensificado sobre todo desde la aparición de la COVID-19 y ante la presencia de una parte notable de la población que ha presentado cierta oposición a las políticas sanitarias aplicadas por los diferentes países. Ante esto, las estrategias en las campañas promovidas por los hospitales se han llevado a cabo con más firmeza y determinación. El objetivo de este trabajo es analizar los principales recursos lingüísticos empleados en estas campañas.

Palabras clave: Argumentación, Persuasión, Publicidad institucional, Campañas de vacunación

Abstract: This paper focuses on the analysis of the vaccination campaigns promoted by Spanish and Italian hospitals published on their websites through videos and posters with a multimodal character. Although the argumentative competence can be developed from any genre or textual modality, in the field of medicine persuasive argumentation is very present with the aim of convincing the population to get vaccinated, which is why, more precisely, it has been especially since the appearance of COVID-19 and in the presence of a significant part of the population that has presented some opposition to the health policies applied by the different countries. In view of this, the campaign strategies promoted by the hospitals have been carried out with greater firmness and determination. The aim of this paper is to analyse the main linguistic resources used in these campaigns.

Keywords: Argumentation, Persuasion, Institutional advertising, Vaccination campaigns

* A. Ferré Galvañ es autor de los párrafos 3 y 4. M. T. Martín Sánchez es autora de los párrafos 1 y 2.

1. Introducción

Tradicionalmente, la lógica se consideraba una rama de la filosofía que se enfoca en encontrar estándares o criterios para determinar la validez o invalidez de los argumentos. Sin embargo, a finales del siglo XIX, la lógica experimentó un cambio importante, ya que se volvió más "matemática", lo que no solo implicó un cambio en la metodología, sino también en el objeto de estudio. Resulta desafiante ver la teoría de modelos como una contribución al análisis de argumentos, a pesar de que en ocasiones se haga referencia a la definición tradicional de la lógica en los prólogos de los manuales de lógica formal. La convicción de que la lógica formal es insuficiente para comprender y evaluar la argumentación en la práctica llevó al desarrollo de una teoría de la argumentación, una disciplina que surgió en contraposición al cambio en la dirección de la lógica. Es importante destacar que la teoría de la argumentación no se considera una disciplina en sí misma, sino más bien un campo de investigación. Por lo tanto, la teoría de la argumentación surge como una respuesta a la lógica formal, explorando un enfoque más amplio y versátil para comprender la argumentación en diversas situaciones (Marraud 2009: 104). Ofrecer una definición que sea exhaustiva de la argumentación no es tarea sencilla, debido a la variedad teórica que el mismo concepto entraña. Como indica Marraud (2007: 19), "argumentar, en un sentido muy general, es dar razones a favor o en contra de algo".

A lo largo de los años, se han ido sucediendo diferentes modelos y/o teorías que han proporcionado una idea de qué significa argumentar. Entre ellas, la perspectiva retórica, según la cual argumentar significa persuadir a otros; la dialéctica, que supone un dialogismo entre diferentes perspectivas; y la lógica, que usa procedimientos basados en la demostración y en evidencias (Caro 2015: 438). Una de las perspectivas que se ha impuesto es la que considera la argumentación como una actividad lingüística que se emplea para persuadir. Esta concepción viene de Aristóteles, encuentra por lo tanto su base en la Retórica, y es uno de los modelos teóricos sobre los que se han desarrollado a lo largo del tiempo la mayoría de las propuestas.

A partir de la nueva retórica, de hecho, han predominado los enfoques que consideran la argumentación como un instrumento que se emplea para convencer y de este modo, influir en los demás: convencer a nuestro interlocutor de una tesis, estimular en él una reacción e inducirlo a adoptar una determinada actitud, demostrar una verdad, confutar una idea, etc., a través de diferentes mecanismos argumentativos, como los marcadores del discurso, los deícticos, el empleo de la ejemplificación o la definición, las citas, o las imágenes que pueden constituir un argumento en sí mismas o un apoyo a un argumento escrito.

Tan solo por citar algunos, ganaron prestigio el modelo lógico de Toulmin (2003), con el que el estudioso delineó el esquema lógico de la argumentación en seis pasos que pueden ser precisados en cualquier tipo de disciplina o situación y que considera la argumentación como mecanismo a través del cual convencer por su base racional, dependiendo de la situación en la que se produce; así como el enfoque neoretórico de Perelman y Olbrechts-Tyteca (1989), según el cual la argumentación entraña un valor persuasivo que va dirigido a un *auditorium* particular, como es el caso de las campañas de concienciación. Estas últimas, aunque utilizan técnicas de la persuasión publicitaria, se deslindan de esta, lo que sugiere considerar que un argumento es un elemento de persuasión públicamente expresado (Marraud 2020: 91).

La relación entre argumentación y persuasión es muy estrecha, de hecho Caro (2018: 49) expone un enfoque emocional que puede aplicarse a la comunicación persuasiva. Dentro de esta, los sentimientos se presentan como elementos que posibilitan la aceptación del contenido del mensaje por parte del receptor, por lo tanto, son útiles para convencer acerca de una idea o propuesta que se quiere llevar a cabo. Con una mayor precisión, plantea un subapartado que nombra "visceral" donde las circunstancias físicas serán las protagonistas. Por otra parte, y no alejándose de esta línea, Villarreal (s.f: 4-7) cita la persuasión en clave afectiva, que también desde un enfoque emocional permite convencer al receptor a través de sus limitaciones para comprender el mensaje y procesar la información. A eso se le suma el argumento de autoridad que, como bien señala Ezquiaga (2006: 166), consiste en "atribuir a una disposición el significado sugerido por alguien y por ese solo hecho, por lo que su fuerza persuasiva, en principio débil, depende enteramente de la de la autoridad invocada", teniendo en cuenta que en este caso la mayoría de los comunicados se llevarán a cabo desde las jefaturas de los departamentos sanitarios.

1.1. La comunicación persuasiva

En la actualidad, ante una sociedad conocida como la del conocimiento y de la información, las redes virtuales se han convertido en un elemento fundamental para la propaganda y la transmisión de información en general. En muchos casos, el mensaje expuesto tiene el fin de convencer o persuadir sobre algún elemento en particular, se trata, por lo tanto, de comunicación persuasiva.

La comunicación persuasiva implica que el emisor tenga el propósito evidente de influir en el receptor y cambiar su comportamiento, ya sea para fomentar la compra de un producto o marca específicos, motivar la participación política o llevar a cabo cualquier acción deseada. Un argumento no se limita a ser simplemente una herramienta para convencer a alguien. Cuando presentamos un argumento, lo hacemos para exponerlo públicamente, para ponerlo a disposición de otra persona. En el proceso de persuasión basado en la lógica y las razones, buscamos que la persona a la que nos dirigimos se dé cuenta de nuestras intenciones, comprenda las razones que respaldan nuestra posición y esté en condiciones de examinarlas de manera crítica (Marraud 2019: 4). La persuasión, fundamental para todas las estrategias de publicidad, se lleva a cabo en dos frentes: convencer al receptor y estimular el consumo. Por ello, los mensajes publicitarios se analizan como resultado de una actividad comercial importante en la sociedad, que contribuye a aumentar el consumo, mientras que también se consideran como "expresiones culturales" que difunden imágenes producidas en un mundo desarrollado que, en ocasiones, parece carecer de responsabilidad y estar centrado en sí mismo en el contexto de la globalización (Romero 2008: 172). Por lo tanto, podemos definir la argumentación persuasiva como "la intención deliberada de una persona de modificar actitudes, creencias o comportamientos de otra persona o grupo de personas a través de la transmisión de un mensaje" (Llacuna y López 2008).

En este proceso, un individuo (comunicador) transmite estímulos para modificar la conducta de otros individuos (el auditorio). Esta definición consta de cuatro elementos esenciales: *a*) el *comunicador*, quien transmite la comunicación; *b*) los *estímulos* transmitidos también por el comunicador; *c*) el *auditorio*, quien recibe la comunicación, y *d*) las *respuestas* que el auditorio manifiesta en el proceso de la comunicación. El comunicador es quien emite la comunicación y puede ser una persona, un grupo, una empresa o una institución. En la publicidad los *estímulos* pueden ser "1) emotivos, que tienden a provocar estados emocionales fuertes tendientes a aceptar la opinión que se sugiere, y 2) argumentativos, que tienen la cualidad de ser persuasivos. Las *respuestas* pueden ser de dos clases: 1) abiertas ante la nueva opinión, y 2) reacias al cambio de opinión" (González 2018: 188).

En el campo de la medicina, la comunicación persuasiva está muy presente, pues, por una parte, el médico emplea esta herramienta para persuadir y educar al paciente, tanto en lo que respecta al diagnóstico como en la manera de cuidar su enfermedad, por lo tanto, su objetivo es persuadir o convencer (Perelman 1997; Santiago 2005; Carbajal 2012: 13). Además, no se puede obviar que detrás de este discurso, siempre estarán presentes la audiencia y los intereses generales del Estado y sus instituciones menores (Feliu 2013: 27).

1.2. La publicidad institucional

De acuerdo con Cortés, "La publicidad es una actividad desarrollada socialmente, y por ende, forma parte de la realidad social que nos rodea y además contribuye a definirla" (2008: 229-230). Cuando hablamos de publicidad solemos entender una promoción de carácter comercial, eminentemente persuasiva, que está dirigida a promocionar un producto o una marca para arraigarla en la mente de los consumidores (Urbina 2009: 137). Sin embargo, la publicidad no se limita a los productos comerciales, sino que se extiende también a aspectos de comunicación persuasiva, de comunicación social y de comunicación institucional.

La publicidad institucional se deslinda de la comercial, pero tiene en común varios aspectos, pues en ambas aparecen un conjunto de mecanismos persuasivos cognitivos y emocionales y la necesidad de conectar con el receptor, por esta razón utiliza más los argumentos emotivos que los racionales (Urbina 2009: 127-128). Sin lugar a incertidumbre, los elementos retóricos y las herramientas de expresión empleados en la elaboración de contenido publicitario fortalecen los aspectos iniciales de la percepción. Esto se logra, por ejemplo, al captar, en cierta medida, la atención del público o realzar la memorabilidad del mensaje. No obstante, estos elementos no parecen, por sí solos, contribuir necesariamente a abordar un problema genuino, ya que el debate racional sobre el tema se ve obstaculizado por la reacción emocional inherente (García 2007: 296). Por consiguiente, la publicidad institucional precisa de una estrategia informativa, pero siempre al amparo de una estrategia persuasiva. En 1952, Pearlin y Rosenberg, tras haber analizado una serie de anuncios publicitarios concretaron que la publicidad institucional se coloca "en el ámbito conceptual de las relaciones públicas [...] o (incluso) la propaganda" (apud. Pineda y Rey 2009: 10-11).

Hay que señalar que la publicidad institucional está menos estudiada que la comercial, sin embargo, el Estado es el mayor contribuyente en lo que se refiere a fondos para publicidad en España. En sentido estricto, la publicidad institucional es "aquella comunicación del Estado que se divulga a través de los medios de comunicación en los tiempos y espacios a través de los cuales también se difunde la publicidad comercial, a cambio de un desembolso económico a cargo de las instituciones públicas" (Cortés 2011: 3) que tiene su fin último en el interés general. Se trata de un tipo de comunicación que encierra una paradoja en sí misma, pues si se fomenta la cultura democrática, se hace de forma unidireccional (de arriba abajo), es decir de forma no democrática como herencia del Estado tradicional paternalista. La podemos considerar como una existencia del Estado que percibimos a través de sus símbolos. Es importante señalar que la finalidad en la transmisión de ideas por parte de la publicidad puede (y en la publicidad institucional debe) ser favorable para los receptores, por lo tanto, la publicidad institucional debe buscar el beneficio de la ciudadanía por encima de cualquier otro beneficio (Cortés 2011: 7). Entre los diferentes tipos de publicidad institucional que señala Cortés (2011: 6), como son la educativo-social, la informativa, la comercial y la electoralista, es en la publicidad institucional educativo-social en la que se encuadran las campañas de vacunación. Este tipo de publicidad persigue favorecer cambios en la idea de entender el mundo de los ciudadanos y su objetivo no es propagandístico sino educativo. Además, propicia el cambio de hábitos de la ciudadanía y se dirige a satisfacer los intereses de toda la sociedad, puesto que va dirigida al conjunto de la población.

1.3. La comunicación en el campo médico

La divulgación y la promoción de la salud en los medios de comunicación está reglamentada desde 1986 con la Carta de Ottawa. Por otra parte, la declaración de Yakarta de 1997 declara que la capacidad de las comunidades para la promoción de la salud requiere educación práctica, acceso a los medios de información, a la comunicación tradicional y las nuevas tecnologías de comunicación. En efecto, "Con el desarrollo de nuevos medios y la expansión de las redes sociales, la forma en que el profesional médico se relaciona con la sociedad y divulga su trabajo ha cambiado dramáticamente" (Fernandes *et al.* 2021: 116).

Las campañas de vacunación, como se ha dicho, se encuadran en la publicidad informativa, con una clara finalidad persuasiva en el caso de las campañas contra la gripe o la COVID-19. Los medios de comunicación se han convertido en una fuente importante de información, pero también de educación, sin embargo requieren una metodología adecuada, multidisciplinaria y que se pueda aplicar a diferentes variedades de situación de salud puesto que su objetivo primordial es conseguir un cambio de comportamiento en los destinatarios a quienes se dirigen. Elemento clave para estas campañas es el uso de la persuasión, dirigida a un público del que se han investigado las necesidades y los canales que tienen más posibilidades de llegar a un número mayor de personas de riesgo. La segmentación del público destinatario sirve para identificar grupos de personas con los mismos valores, creencias o necesidades de modo que la campaña llegue a un número mayor de destinatarios. Por lo tanto, una campaña de comunicación deberá tener en cuenta el público al que se dirige, el mensaje que quiere hacerle llegar, quién debe ser el emisor y cuál es el vehículo de transmisión más indicado para obtener resultados óptimos.

Los canales que se utilizan son, entre otros:

- El panel, póster o folleto. Se trata de un recurso solo adecuado para población alfabetizada. El contenido debe ser simple y claro; las ilustraciones tendrán por objeto atraer la atención, lanzar un mensaje y/o aclarar la información;

- Prensa escrita. Puede ser leída por grandes audiencias de forma muy rápida y en numerosas ocasiones;
- Radio. Es el medio de comunicación de masas de mayor cobertura, el oyente no debe poseer ninguna capacidad especial para recibir el mensaje, un inconveniente es que el mensaje suele ser de corta duración y carece de impacto visual;
- Televisión. Es el medio de comunicación por excelencia en España. Se trata del medio de comunicación de masas de mayor potencial para la educación sanitaria;
- Internet. Este medio permite a la audiencia acceder a una gran cantidad de información. Presenta el problema de que la fuente puede ser de dudosa procedencia provocando errores en el contenido y falsas interpretaciones. Actualmente es el medio que más está innovando en cuanto a comunicación para la salud. Además, desde la popularización de los blogs y las redes sociales, disponemos de espacios para participación y comunicación con los ciudadanos que suponen una excelente forma de complementar los canales clásicos de comunicación.

El objetivo general de este trabajo es investigar el papel de la argumentación persuasiva en las campañas de vacunación, para ello, interesa analizar y extraer aquellos métodos que los equipos de comunicación de las diversas instituciones utilizan con el fin de establecer posibles patrones argumentativos que se repitan dentro de dichas campañas. Se pretende conocer qué tipo de argumento predomina y qué función o funciones tienen las imágenes utilizadas a través del análisis de las estrategias pragmalingüísticas y semióticas adoptadas, además de observar las diferencias existentes entre las campañas de Italia y las de España.

2. Metodología

Es trabajo se centra en un análisis del corpus recogido y seguidamente en una elaboración de parámetros con base científica teniendo en cuenta a los autores propuestos en las bases teóricas (Ezquiaga 2006; García 2007; Caro 2018; Marraud 2020, 2019; Solís y Matte-Bon 2020; Villarreal s.f.). Para ello los autores han elaborado un esquema de análisis que reúne las especificidades que se van a analizar.

Los parámetros discursivos que se han tenido en cuenta en el análisis se refieren a los diferentes tipos de argumentos que aparecen en los anuncios. Por lo tanto, se tendrán en cuenta:

- Argumento de autoridad: la información es presentada por una figura que posee un conocimiento de alto grado en la materia que se trata o por personajes célebres que gozan de un gran respeto o prestigio en la sociedad (Ezquiaga 2006);
- Argumentos racionales: el consumidor adopta formas de conducta según las causas que conoce (García 2007);
- Argumentos emocionales: se centra en el público al que se dirige, más que en el producto (Caro 2018; Villarreal s.f.).

Tras un rastreo de los anuncios, los contenidos audiovisuales y la cartelería, ambos con carácter multimodal (véase 2.1 Corpus), se consideran aquellos aspectos que aparecen sistemáticamente y que configuran las características propias de estas campañas. Por otro lado, la heterogeneidad del corpus induce a realizar un análisis cualitativo del conjunto de vídeos y carteles, puesto que, en diversos casos una sola campaña –sobre todo las que se refieren a las de la COVID-19– se desarrolla incluyendo ambos elementos. En relación con los rasgos morfosintácticos se analizan:

- El imperativo en los actos en los que el enunciador "quiere manifestarse a favor de su interlocutor como es el caso de los consejos, las invitaciones o las instrucciones" (Solís y Matte 2020: 167);
- En relación a las oraciones, las asertivas, finales y causales (Bermejo 2013).

Con respecto a la pragmática se observará:

- Uso del plural inclusivo, como forma de tratamiento preferida;
- Juegos de palabras y activación de la competencia metapragmática;
- Eslóganes y su relación con las imágenes atendiendo a los tipos de argumentos a los que hacen referencia (Marraud 2020, 2019).

Con respecto a la terminología se analizaran

- Tecnicismos relacionados con las enfermedades objeto de la campaña (Cabré 1993).

2.1. Corpus

El corpus está formado por 19 vídeos y 26 carteles, cuyo objetivo es incitar a la población a vacunarse contra diferentes enfermedades y que abarca un arco temporal de nueve años desde 2015 hasta 2023. Está dividido en dos subcorpus. El primero se refiere a las campañas en español y está compuesto por 13 vídeos y 14 carteles. El segundo, en italiano, está formado por 6 vídeos y 12 carteles extrapolados de las páginas web institucionales de hospitales, regiones y los Ministerios de sanidad español e italiano.

Para el corpus en español, se ha buscado en las páginas web de los hospitales universitarios de cada una de las provincias españolas, además de las de las dos ciudades autónomas Ceuta y Melilla. Se ha consultado también la página web del Ministerio de Sanidad donde se han encontrado distintas campañas de vacunación dirigidas a públicos diferentes y relacionadas con distintas tipologías de enfermedad (gripe, vacunación infantil, COVID-19, Monkeypox, etc.).

Para el corpus italiano, se han considerado las páginas web de 20 hospitales universitarios italianos, la del Ministero della Salute y la de las diez regiones italianas, siguiendo el mismo proceso llevado a cabo con el corpus en español. Se ha tenido en cuenta la lógica implícita relativa a las elecciones léxicas que propone Santiago (2022), con respecto a la transgresión de la norma, el lenguaje publicitario, el lenguaje literario, la nueva comunicación social y otras lenguas de especialidad, en relación con el concepto de multimodalidad.

El número es dispar entre los elementos, especialmente en relación con los vídeos encontrados, pues el número de vídeos en español duplica el de vídeos en italiano, debido a que no se han encontrado contenidos audiovisuales en las páginas de los hospitales italianos, al contrario de lo que sucede en el caso español, en el que varios hospitales tienen su propio vídeo de promoción. Respecto a los carteles, el número de casos es prácticamente el mismo en los dos idiomas.

3. Análisis

Como se ha indicado anteriormente procederemos a realizar un análisis cualitativo de los elementos especificados en la metodología.

3.1. Parámetros discursivos

En relación con los parámetros discursivos, debemos tener en cuenta que los argumentos pueden presentarse tanto de manera aislada como conjunta. El argumento de autoridad está presente en las campañas de los dos países, si bien en las españolas predominan los médicos (generalmente jefes de planta), enfermeros y enfermeras y personal sanitario en general que son también emisores. Hay que señalar que la campaña de 2021 contra la COVID-19 en Italia se planteó usando personajes famosos del mundo de la televisión, del deporte y artistas famosos que se prestaron para ello. Por lo que se refiere a los carteles, el argumento de autoridad representado de forma multimodal, ya que integra imágenes de personajes, aparece con más frecuencia que en los vídeos.

En el año 2017, desde el Hospital Universitario Virgen de la Macarena de Sevilla, se lanzó un vídeo para concienciar a la población de la vacunación contra la gripe. En el mismo, el Director médico del hospital era el principal emisor y, junto con la presencia de un equipo sanitario, ofrecía una serie de argumentos a favor de la vacuna.

Respecto a la argumentación emocional, relacionada con la persuasión en clave afectiva, el análisis de la semiótica y el carácter multimodal cobran un papel fundamental. Se trata de imágenes que se refieren a situaciones familiares, donde generalmente aparecen familias reunidas (campaña italiana contra la COVID-19 de 2023) o imágenes que evocan una situación afectiva como el cartel de la Región Lombardía en el que aparecen una pareja de mayores, una embarazada y un niño:

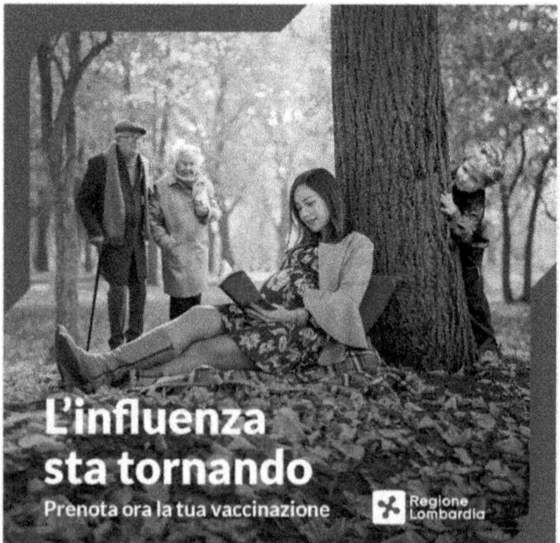

Fig. 1. *Campaña de vacunación de la Región Lombardía https://www.asst-val.it/contenuto-web/-/asset_publisher/EZbKAg7p5DU6/content/campagna-vaccinazione-antinfluenzale-2022-2023*

Asimismo, es importante señalar que dentro de este apartado hemos incluido la publicidad, sobre todo carteles, en los que aparecen diferentes personas de distintas edades, sexo y clase social y que tienen el objetivo de que el público se identifique con alguna de ellas y se sienta involucrado en la campaña. Esta tipología de cartel aparece tanto en las campañas españolas (ES_COVID-19, 2022) como en las italianas (IT_COVID-19, 2022):

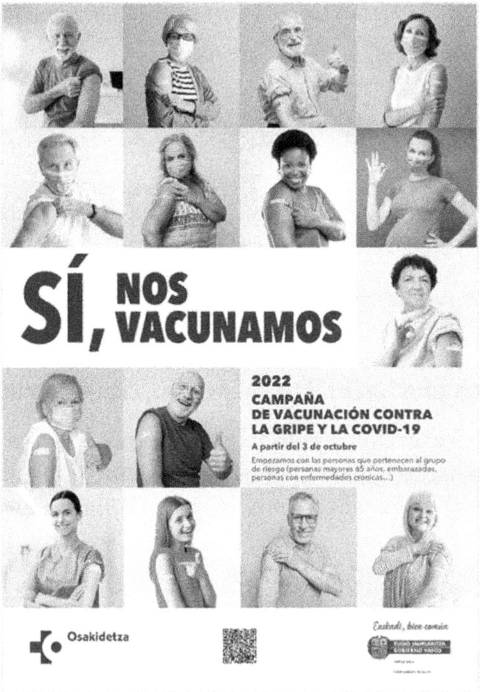

Fig. 2. *Campaña de vacunación 2022 contra la gripe y la COVID-19 de Euskadi https://www.euskadi.eus/gobierno-vasco/-/campana-de-vacunacion-antigripal-2022/*

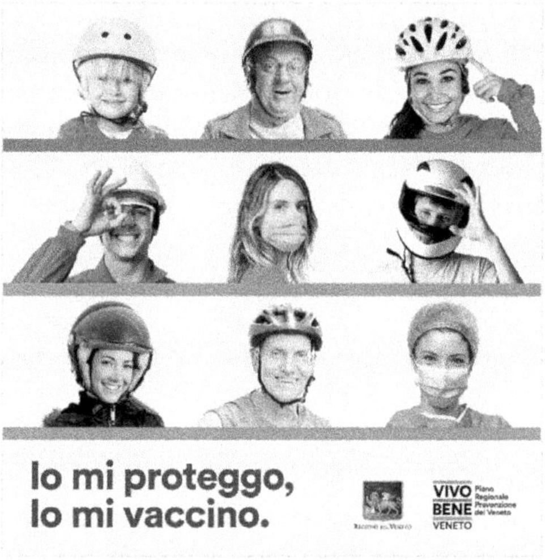

Fig. 3. *Campaña de vacunación 2022 contra la COVID-19. Región del Véneto https://www.aopd.veneto.it/E-iniziata-la-campagna-antinfluenzale-2022*

3.2. Parámetros morfosintácticos, pragmáticos y terminológicos

En relación con el aspecto morfosintáctico, el uso del imperativo con valor incoativo o de consejo aparece repetidamente tanto en los vídeos y carteles españoles como en los italianos. En el ejemplo (1) ilustramos una ocurrencia de cada tipo:

(1a) Ministerio de Sanidad: Quiero volver a jugar con mis amigos, acabemos con el bicho. ¡Vacúnate!

(1b) Regione Lombardia: Prenota ora la tua vaccinazione.

En ambos ejemplos observamos que el imperativo tiene valor incoativo y que se utiliza la segunda persona del singular, que acerca el emisor al receptor del mensaje, además, en el ejemplo a) aparece también la forma del imperativo de 1ª persona plural, con un claro valor inclusivo. Las oraciones asertivas declaran algo que se asume como verdadero o cierto, como se evidencia en el ejemplo (2a):

(2a) Ministerio de Sanidad: La vacuna nos protege a todos;

(2b) Ministero della salute: Torniamo ai momenti più belli, quelli passati insieme.

En el ejemplo (2b) podemos ver cómo se combina el imperativo en 1 persona del plural, que incluye tanto al emisor como al receptor, con una clara intención de inclusividad, y el presente de indicativo, característico de las frases declarativas.

Por lo que respecta a las oraciones finales, generalmente en los ejemplos encontrados van introducidas por el conector final "para" (español) o *per* (italiano), como se ilustra en el ejemplo (3):

(3a) Hospital Ramón y Cajal de Madrid: [vacunarse] No es solo cosa de niños, sino de mayores y de los propios profesionales para protegerse y protegernos a todos;

(3b) Regione autonoma Friuli-Venezia Giulia: La vaccinazione è efficace e sicura per prevenire l'influenza e le sue complicanze.

Como se observa en los dos ejemplos anteriores la oración final contiene un argumento persuasivo-afectivo, en el ejemplo (3a) el plural inclusivo hace que la razón introducida implique al receptor del mensaje, mientras que en el ejemplo italiano se usa una forma no inclusiva, que refuerza la frase afirmativa principal, mientras que en el ejemplo (3b) tiene un claro significado final.

Las oraciones causales pueden ir introducidas por los conectores "porque" y *perché* y especifican la razón de la oración principal, reforzando el argumento que se presenta en estas, como se ilustra en el ejemplo (4):

(4a) La vacunación es muy importante a lo largo de toda la vida. Porque previene, controla y vence todas las enfermedades (Ministerio de Sanidad);

(4b) [...] ed è giusto usarlo perché i vaccini funzionano.

En relación con el plural inclusivo, que se emplea tanto para atenuar la intromisión en el espacio del destinatario como para hacerle participar en las campañas, este se apoya generalmente en una imagen colectiva o un vídeo en el que se representan situaciones de habituales en la vida cotidiana de las personas, como una pareja que baila o unos niños entrenando. El objetivo es hacer que el público destinatario se sienta involucrado. El ejemplo (5) ilustra este aspecto:

(5a) Hay recuerdos que nos dan vida (Ministerio de Sanidad);

(5b) Facciamo squadra per la nostra salute (Ministero della Salute).

Por lo que respecta a los tecnicismos, hay una clara diferencia entre las campañas de los dos países, se observa que las campañas españolas usan muchos más tecnicismos médicos que las italianas. La causa de esta discrepancia es que en las campañas de los hospitales españoles los anuncios están realizados por médicos del hospital que explican las causas de la enfermedad contra la que incita a la vacunación (6):

(6a) ¿Qué es la meningitis meningocócica? Es una infección causada por una bacteria, el meningococo que produce una inflamación de las meninges (H. Virgen de la Arrixaca de Murcia);

(6b) Questa malattia è pericolosa come il morbillo (Ministero della Salute).

Con relación a los eslóganes ilustraremos aquí tan solo un ejemplo de las campañas anticovid de cada país. Sin duda, la presencia de la COVID-19 hace que las campañas de concienciación aumenten exponencialmente en los medios nacionales de difusión. El objetivo de dichas campañas es hacer aceptar una vacuna que había sido poco testada ya que se trataba de erradicar una enfermedad hasta ese momento desconocida.

En primer lugar, vemos el eslogan de la campaña española de 2021 promovida por el Ministerio de Sanidad, compuesta por un póster, un cartel y un vídeo[1]. El eslógan de esta campaña es la etiqueta: #YOMEVACUNOSEGURO y va dirigida especialmente a los jóvenes. El signo # (*hashtag*) es un elemento fundamental dentro de la sociedad de la información y de la comunicación digital entre las nuevas generaciones. Este símbolo se utiliza para poner en evidencia algunas expresiones y captar la atención de otros usuarios. La palabra "SEGURO" se resalta en azul y tiene un claro doble sentido. Aparte de su significado literal principal que sería sin peligro, hace referencia a otro significado: "sin duda", que enfatiza la voluntad de vacunarse.

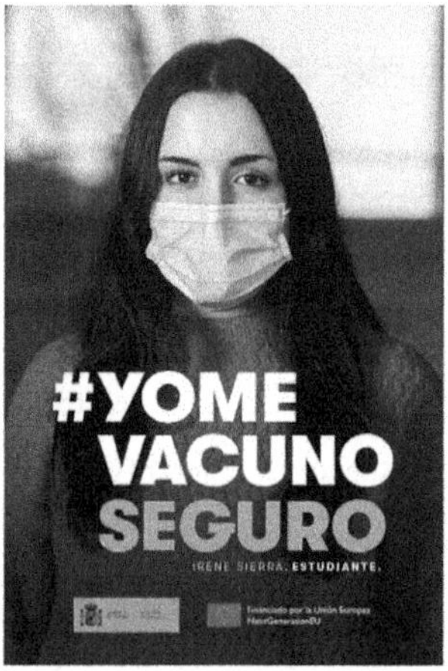

Fig. 4. *Póster de la campaña contra la COVID-19 del Ministerio de Sanidad de 2021 https://www.sanidad.gob.es/campannas/campanas21/YoMeVacunoSeguro/CARTELES/Castellano_Irene.pdf*

1 https://www.sanidad.gob.es/campannas/campanas21/YoMeVacunoSeguro.htm

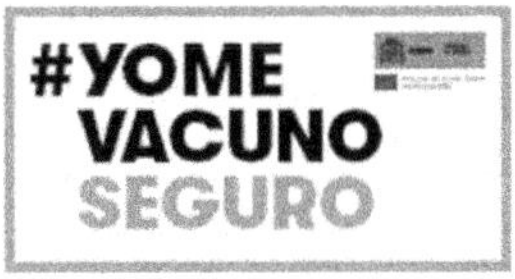

Fig. 5. *Cartel de la campaña contra la COVID-19 del Ministerio de Sanidad de 2021 https://www.sanidad.gob.es/campannas/campanas21/YoMeVacunoSeguro/materiales.htm*

La campaña italiana, promovida por el Gobierno a partir de 2021 para promover la vacunación contra la COVID-19, consta de cinco anuncios protagonizados por personajes famosos del mundo de la televisión y personajes símbolo del mundo laboral. El eslógan es "RIPRENDIAMOCI IL GUSTO DEL FUTURO". Los protagonistas hacen un gesto simbólico, el signo de la "V" con la mano, con un significado doble. En un sentido casi literal la V remite a Vacuna, mientras que en un sentido figurado significa Victoria. Asimismo, el imperativo en 1ª persona plural "riprendiamoci" es un ejemplo de plural inclusivo. La frase "il gusto del futuro" es metafórica y hace referencia a los significados de la palabra "gusto", como la de apreciar el sabor (como es sabido, la enfermedad provocaba la pérdida del gusto), y un segundo significado, el de la experiencia personal en relación con los cambios y expectativas de futuro.

4. Conclusiones

El análisis de las campañas publicitarias en España y en Italia revela una serie de contrastes y similitudes significativas. Uno de los principales hallazgos es que los vídeos utilizados en las campañas españolas tienden a ser más descriptivos y detallados en comparación con los italianos, que centran su enfoque en el predominio del texto escrito con respecto a los vídeos y carteles.

Por otra parte, ambos países comparten una sólida presencia de argumentos de persuasión en clave emocional, lo que indica que la conexión con el público a través de sentimientos y emociones es un aspecto común de la publicidad institucional en ambas naciones. Esta estrategia busca tocar la sensibilidad de la audiencia para generar una respuesta positiva hacia el mensaje. Una característica constante en ambas culturas publicitarias es el uso de imágenes y frases con doble sentido, una técnica interesante que añade capas de significado a los mensajes. Esta sutileza permite a los emisores conectar de manera más profunda con el público, desafiando a los espectadores a descifrar el mensaje oculto detrás de la aparente simplicidad y dando la posibilidad de una lectura polisémica. Sin embargo, España se destaca por su uso más frecuente de tecnicismos en sus campañas. Esto podría indicar una preferencia en las instituciones de salud españolas por un enfoque más técnico y detallado en la comunicación publicitaria, dirigiéndose a audiencias que valoran una comprensión más profunda de los productos o servicios.

Un aspecto de convergencia entre ambos países es la incorporación sistemática del plural inclusivo, que sugiere un enfoque abierto hacia una audiencia diversa, reconociendo la importancia de la representación y la identificación de la audiencia con el mensaje.

En conclusión, este análisis ha conseguido los objetivos prefijados que nos han permitido comprender qué estrategias se han llevado a cabo en ambos países y qué líneas argumentativas se han usado.

Referencias

Bermejo, F. (2013). "La subordinación adverbial", en F. San Vicente (ed.), *GREIT. Gramática de referencia de Español para italófonos*, 3. Bologna/Salamanca, CLUEB, Universidad de Salamanca, 1153-1196.

Cabré, M.T. (1993). *La terminología. Teoría, metodología, aplicaciones*. Barcelona, Antártida.

Carbajal, A. (2012). "Análisis del discurso médico: la argumentación en la consulta pública", Centro Universitario de Ciencias Sociales y Humanidades, *Colección Graduados 2010. Serie Sociales y Humanidades,* 14, 13-14.

Caro, M. T. (2015). "El desarrollo dialógico de la argumentación informal en el comentario de texto", *Profesorado: Revista de curriculum y formación del profesorado,* 19, 1, 494-510.

Caro, M. T. (2018). "La comunicación argumentativa en la Sociedad del Conocimiento, clave del liderazgo distribuido para un cambio educativo desde el desarrollo profesional", *RED. Revista de Educación a Distancia*, 56. http://www.um.es/ead/red/56/

Cortés, A. (2008). "Conceptualización de la publicidad institucional en su dimensión socializadora y educativa", *Espacios públicos,* 11, 22, 226-237.

Cortés, A. (2011). "La publicidad institucional en España. Una década en perspectiva", *Razón y palabra,* 75.

Ezquiaga, F.J. (1984). "Los juicios de valor en la decisión judicial", *Anuario de filosofía del derecho.* https://www.boe.es/biblioteca_juridica/anuarios_derecho/abrir_pdf.php?id=ANU-F-1984-10003300060

Fernandes, A. C., Manfredini, G. B., Carneiro, L., de Souza, M., Buch, P. H. y Malta, K. S. (2021). "Publicidad médica en tiempos de la medicina en red", *Revista Bioética,* 29(1), 115-127.

García, M. (2007). "Publicidad institucional. Una necesaria reflexión a contracorriente", *Redes.com*, 4.

Feliu, A. (2013). *Publicidad institucional y procesos electorales en España (1999-2009).* [Tesis de Doctorado, Universidad de Alicante]. https://rua.ua.es/dspace/handle/10045/53555

González, S. (2018). "¿La comunicación persuasiva como instrumento para el cambio de opiniones?", *Revista mexicana de opinión pública,* 25, 185-193.

Llacuna, J. y López, E. (2008). "NTP 665: La persuasión como técnica comunicativa en prevención de riesgos laborales (I)", Instituto nacional de seguridad e higiene en el trabajo. Ministerio de Trabajo y Asuntos sociales.

Marraud, H. (2020). "Vidas paralelas: argumentos e inferencias", *Lógoi. Revista de Filosofía*, 38, 89-108.

Marraud, H. (2019). "Argumentación visual: la lógica de las imágenes", en C. Burgos, X. Cózar y M. A. García Martínez (eds.), *Lógica de la sensación: epistemología y metodología para la creación artística contemporánea.*

Marraud, H. (2009). "Lógica y argumentación. La estructura de la argumentación", *Azafea: Revista de filosofía,* 8, https://revistas.usal.es/dos/index.php/0213-3563/article/view/628

Marraud, H. (2007). *Methodus Argumentandi*. Madrid, UAM Ediciones.

Perelman, C. (1997). *El imperio retórico. Retórica y argumentación*. Barcelona, Norma.

Perelman, C. y Olbrechts-Tyteca, L. (1989). *Tratado de argumentación. La nueva retórica*. Madrid, Gredos.

Pineda A. y Rey J. (2009). "Propaganda y publicidad institucional: algunas consideraciones teóricas", *Questiones publicitarias*, 1, 9-32.

Romero, M. V. (2008). "Argumentación persuasiva y sintaxis en los mensajes publicitarios. Fórmulas del SI", *Comunicación y Sociedad,* 21, 2, 171-192.

Santiago, J. (2022). "La transgresión de la norma como estrategia de comunicación", en Y. González Plasencia e I. Molina Sangüesa (eds.), *Enfoques actuales en investigación filológica*. Berlin, Peter Lang, 95-110.

Santiago, J. (2005). *Principios de comunicación persuasiva*. Madrid, Arco/Libros.

Solís, I. y Matte Bon, F. (2020). *Introducción a la gramática metaoperacional.* Firenze, Firenze University Press.

Toulmin, S.E. (2003). *The Uses of Argument*. Cambridge, Cambridge University Press.

Urbina, R. (2009). "Emociones, publicidad y retórica de las pasiones", en I. Ferreira y M. M. Gómez Cervantes (eds.), *Retórica e Mediatização II*, 127-145. Livros LabCom.

Villarreal, J. (s.f.). *Persuasión en la publicidad*. Universidad César Vallejo - Lima Norte.

Chiara Sinatra

Relaciones de (a)simetría en la interacción entre usuarios y lingüistas en Twitter/X: el caso de @RAEconsultas

Resumen: Dentro del marco teórico de la cortesía lingüística y el análisis del discurso, en este artículo se investiga la interacción conversacional en Twitter/X entre usuarios hispanohablantes y lingüistas de la RAE para ofrecer una interpretación de las relaciones de simetría o asimetría que se recrean en la comunicación a través de esta plataforma. Debido a los cambios que impone la comunicación mediatizada, la (a)simetría de las relaciones no solo se debe a lo que los usuarios dicen o hacen en estos intercambios virtuales como interlocutores, sino también al modo en que adquieren un papel de agentividad en el proceso comunicativo. A través del corpus analizado, el estudio muestra que las narrativas "identitarias" de los usuarios también pueden responder a una proyección discursiva que se les asigna heterónomamente.

Palabras clave: discurso digital, interacción, asimetría, pragmalingüística, identidad discursiva

Abstract: Within the theoretical framework of linguistic politeness and discourse analysis, the author of this article investigates the conversational interaction on Twitter between Spanish-speaking users and RAE linguists to offer an interpretation of the relations of symmetry or asymmetry that are recreated in communication through this platform. Due to the changes imposed by mediatised communication, the (a)symmetry of relationships is not only due to what users say or do in these virtual exchanges as interlocutors, but also to the way in which they acquire an agentive role in the communicative process. Through the corpus analysed, the study shows that users' "identity" narratives can also respond to a discursive projection that is heteronomously assigned to them.

Keywords: digital speech, interaction, asymmetry, pragmalinguistics, discursive identity

1. Un nuevo paradigma comunicativo

Los cambios impuestos por la comunicación multimodal, entre ellos la difusión de los mensajes a través de medios diferentes en el fenómeno conocido como "remediación" (Alcántara-Plá 2020) junto con el papel cada vez más agentivo de los medios en la producción de textos, ha hecho que los límites del contexto comunicativo aparezcan cada vez más borrosos e inestables, evidenciando la necesidad de nuevas perspectivas de análisis. Al respecto, hay estudios que enfocan el discurso digital desde perspectivas diferentes, como los de Yus Ramos (2001; 2010) con su planteamiento teórico global o el modelo de análisis del discurso propuesto por Gallardo Paúls y Enguix (2016) en que se relacionan las peculiaridades de la comunicación política digital con el paradigma neuro comunicativo. Asimismo, existen trabajos de carácter más empírico que se centran en una descripción de los rasgos definitorios de la denominada conversación digital, destacando la importancia del plano interaccional de esta forma de comunicación. Muñoz Muñoz y Argüelles Álvarez hablan de la nuestra como de una «realidad social centrada en las relaciones entre individuos», por lo tanto defienden que un *social network* como Twitter por sus rasgos distintivos es capaz de «poner en común conocimientos [...] encontrar e integrar comunidades» y, en general, «crear un ambiente cooperativo» (2010: 711). Debido a la presencia masiva de las interacciones mediatizadas en todas las esferas de la comunicación interpersonal, Cantamutto y Vela Delfa (2016) postulan que los estudios sobre el discurso mediatizado son, en esencia, «estudios sobre procesos comunicativos de toda índole» y que la definición y clasificación del discurso digital y de sus prácticas discursivas son «un reto ineludible para todo analista del discurso» (2016: 298). Según Lara Padilla (2012), Twitter «ha generado un propio código comunicativo» con aspectos que regulan la participación, la organización y la gestión de las intervenciones. En la última década diversos lingüistas (Mancera Rueda y Pano Alamán 2013; Gallardo Paúls y Enguix 2016; Mapelli 2019, entre otros) han profundizado con más instrumentos de análisis en el discurso en el microblogging, sobre todo por lo que atañe a la esfera pública y la comunicación política, explorando las posibilidades comunicativas de esta plataforma en ámbito panhispano desde las perspectivas del análisis del discurso y la pragmalingüística. Dentro de este marco teórico de referencia, en este artículo aspiramos a ofrecer una de las posibles interpretaciones de los aspectos de la interacción conversacional entre usuarios y lingüistas que gestionan el perfil @Raeinforma en la plataforma Twitter/X.

2. Corpus, metodología y objetivos

Por lo que se refiere al corpus objeto de observación, se han considerado los 472 tuits redactados por el Departamento de «Español al día» y recopilados en el Anexo I del *Informe de la Real Academia Española sobre el uso del lenguaje inclusivo y cuestiones conexas* (2020) bajo el título de *Muestra representativa de las repuestas de @Raeinforma a las consultas solicitadas por Twitter sobre lenguaje y cuestiones de género*. A través de los enlaces presentes en el *Informe* se han seleccionado manualmente los tuits iniciativos que generaron las respuestas por parte de los lingüistas que están a cargo del perfil @Raeinforma. Sin embargo, no siempre ha sido posible tener acceso a todos los tuits desencadenadores, ya que o bien los usuarios habían borrado el tuit o bien habían dado de baja su cuenta de Twitter/X, de modo que la atención se ha centrado en aquellas "conversaciones" en las que se ha podido observar alguna interacción sobre cuestiones de género (130 interacciones). Además, integran este subcorpus otras 30 interacciones que contienen las etiquetas #RAEconsultas y #dudasRAE, recopiladas y seleccionadas manualmente según este mismo criterio entre noviembre de 2022 y enero de 2023.

Por lo que se refiere a los criterios específicos, los tuits que integran el corpus se han clasificado manteniendo el esquema de la Academia, que en su documento los ordena por grupos temáticos[1].

Objeto de este análisis han sido únicamente los mensajes que pueden ejemplificar de forma clara las relaciones de simetría y asimetría en las interacciones entre usuarios y especialistas desde las perspectivas teóricas de la cortesía lingüística y el análisis del discurso (Bravo y Briz 2004; Van Dijk 2009; Fuentes Rodríguez 2021).

Para plantear esta propuesta seguimos un razonamiento centrado en la intención comunicativa del hablante y en la función de sus actos de habla. Dicho enfoque nos ha permitido delinear unas identidades discursivas correspondientes a los usuarios de Twitter que consultan a los lingüistas de la RAE. Aplicamos a Twitter un modelo que pretende subrayar *in primis* el uso transaccional del lenguaje en la conversación (Brown y Yule 1993) y por lo tanto volcado en transmitir información o discutir contenidos. En este contexto, queremos aprovechar el dinamismo de las nociones de simetría y asimetría especialmente relevantes en el plano de la interacción según el enfoque de Richards (2006) junto con los estudios clásicos, entre otros, de Leonardi y Viaro (1983),

1 Los criterios de clasificación de los tuits en el *Informe* se ajustan a las categorías temáticas siguientes: el valor genérico del masculino gramatical; los desdoblamientos; el llamado lenguaje inclusivo; las estrategias para evitar el uso genérico del masculino; el género de los sustantivos con referente animado (por tanto, sexuado); los sustantivos de persona con flexión de género: el uso de las formas específicas de femenino; sustantivos comunes en cuanto al género y con femenino o masculino específicos; sustantivos epicenos; sustantivos epicenos de persona que funcionan también como comunes o con flexión de género; sustantivos epicenos de animal que funcionan también como comunes o con flexión de género; sobre otras cuestiones relacionadas con temas de género (RAE 2020: 63).

Linell y Luckmann (1991) y Orletti (2000). Además, tenemos en cuenta los aspectos relacionados con los recursos propios de la retórica digital en el marco de la comunicación pública mencionados arriba y el hibridismo de las nuevas metodologías de análisis.

Lo que pretendemos definir es la presencia de rasgos de simetría o asimetría en estas interacciones a partir de los elementos lingüísticos y discursivos que componen los textos y determinar en qué medida dichos elementos contribuyen a la expresión de la identidad de los participantes; además, queremos establecer mediante qué modalidades en las interacciones analizadas los usuarios de la lengua ejercen un papel agentivo en sus enunciados aprovechando la horizontalidad de la comunicación vía Twitter.

3. ¿Existen relaciones asimétricas en la comunicación digital?

La noción de asimetría se basa en la potencial determinación de las diferencias en la producción lingüística de un hablante en función de su interlocutor, una construcción teórica que Orletti, siguiendo a Linell y Luckmann, entiende como la relación subyacente entre dos personas al establecer una interacción (Orletti 2000: 12).

En esta misma línea, las relaciones asimétricas se califican generalmente de exógenas, según estén causadas por factores sociales externos que condicionan la organización de la interacción y su desarrollo, o de endógenas, en función de la distribución de las intervenciones entre los participantes (Kerbrat-Orecchioni 2005). En el presente análisis, dichas categorías se concretan en los tuits iniciativos que ejercen un poder interaccional –o «predominio interaccional» (Orletti 2000: 14)– y en las respuestas y todo tipo de retroalimentación o reacción a la intervención que precede que hay que entender como «intervenciones débiles» (Orletti 2000: 15).

Esta perspectiva de estudio resulta especialmente productiva a la hora de investigar aquellas prácticas lingüísticas vinculadas a estructuras de poder que legitiman, reproducen y modifican las formas de reconocimiento del otro, debido a la posibilidad de ejercer cierto poder incluso en la selección de los argumentos, orientando así los temas de conversación e influyendo en el contenido de los turnos y no solo en su distribución.

Autores como Leonardi y Viaro (1983) destacan el carácter potencialmente asimétrico de cualquier intercambio comunicativo debido a la ruptura del equilibrio preestablecido en la distribución del poder en la interacción, con la posibilidad que en esta surja en todo momento una *leadership* temporánea. Sin embargo, el alto grado de participación que en el mundo digital ve implicados a los usuarios como *prosumers* hace que cada uno pueda aportar información, describir su experiencia o aportar su opinión, sin necesidad de intermediación. Además, como afirma Mapelli (2019), las características intrínsecas de las plataformas digitales llevan la comunicación al plano de la horizontalidad, hecho que origina un replanteamiento de las cuestiones conectadas con las relaciones de poder en la interacción. Como señala Orletti (2000), cualquier marco institucional o profesional determina *per se* una serie de cambios estructurales en la organización y gestión del evento comunicativo. Cuando las interacciones implican, además, el uso de un lenguaje especializado que se coloca en una dimensión vertical, se crean prácticas discursivas nuevas y mutables. Asimismo, solo con adoptar una variedad y unas prácticas discursivas que son propias de un ámbito especializado, se hace que los receptores modifiquen su percepción de la realidad (Orletti 2000: 26-28).

El cambio que se ha producido en la red –incluso en las relaciones marcadamente asimétricas como las que se dan entre médico y paciente estudiadas por Calvi (2017)– ha visto el perímetro de la comunicación especializada hacerse cada vez más borroso en nombre de objetivos comunicativos más bien pragmáticos y orientados hacia la divulgación. Si por un lado Calvi (2017) pone el acento en los aspectos sociales y en la relación entre interlocutores, por el otro Vela Delfa (2011) afirma que en el marco de la comunicación digital «es la meta interaccional, el propósito comunicativo lo que determina el recorrido de los interlocutores a lo largo de este entramado de elecciones» y que los usuarios aprovechan de forma consciente el potencial de las redes sociales ya que estos medios «se presentan en una relación de continuidad [...] acorde a sus propósitos comunicativos».

Observar los procedimientos comunicativos de los usuarios de la lengua española que se manifiestan en el mundo digital como interlocutores de la Academia, conquistando de esta manera un papel agentivo y epistémico, permite medir en el plano de la cortesía lingüística cuál es el grado de imposición del enunciado para su imagen. Asimismo, observar en el plano discursivo cómo «Las identidades no se configuran como el producto de un macro-orden social externo, sino que se construyen y adquieren fuerza mediante lo que los participantes dicen y hacen en la interacción» (Orletti y Mariottini 2012, en línea) permite enfocar nuestra atención en la identidad como proceso y no solo como producto.

Al respecto, seguimos a Gallardo-Paúls y Enguix cuando afirman que «desde el análisis crítico del discurso, Van Dijk ha insistido en que el acceso al discurso es un elemento esencial para la reproducción discursiva del poder» y también cuando señalan que «el acceso de todo usuario de la red a la esfera pública es entendido doblemente, tanto por referencia a las posibilidades de ser tema del discurso, como por referencia a las posibilidades de ser usuario del discurso (emisor/receptor)» (Gallardo Paúls y Enguix 2016: 131).

Por lo que se refiere al corpus analizado, en este trabajo se analizan los mensajes de personas que abren la comunicación para solicitar asesoramiento lingüístico o conversar sobre cuestiones que suscitan interés o causan profunda indignación; en varias ocasiones las interacciones que desencadenan representan un *continuum* con respecto a las discusiones que se producen tanto en el mundo real como en otras redes sociales. Debido a las peculiaridades que las distinguen de los *chats*, como la falta de espontaneidad y el uso conversacional de la escritura, este tipo de interacciones en Twitter/X constituye un género discursivo privilegiado para la observación de las relaciones de poder entre los participantes. Las que presentamos a continuación constituyen una muestra reducida de los intercambios recopilados[2].

3.1 Muestra de interacciones analizadas y discusión

En la conversación mediada, cuando no existe un conocimiento compartido, la percepción del otro depende exclusivamente de la información que este proporciona sobre su persona (Noblía 2000). En las interacciones analizadas, el desequilibrio inicial, potencialmente amenazador de la imagen del usuario que abre la comunicación con la institución (RAE), puede ampliarse progresivamente debido a las estrategias de autopresentación empleadas y, sobre todo, debido a cómo se desenvuelve en la interacción. Lo que se observa en los ejemplos reproducidos a continuación es cómo ambas estrategias se concretan en elementos lingüísticos y discursivos.

3.1.1 Intercambios abiertamente asimétricos

Los intercambios que se caracterizan por una mayor asimetría deben su desequilibrio no solo a una disparidad de conocimiento del mundo, que es lo que anima a los usuarios a preguntar, sino a un contraste más evidente que reside en un dominio insuficiente del código lingüístico reflejado en las características lingüístico-textuales de sus mensajes. Estos rasgos acaban por determinar la identidad discursiva de los participantes en la interacción:

2 En los ejemplos, el nombre del perfil ha sido sustituido por @nombredeusuario/a para preservar el anonimato de los participantes.

(1) @nombredeusuario: @RAEinforma es correcto decir: el presidente y la presidenta, el alcalde y la alcaldesa, el consejal y la consejala. O solo basta decir el y la precidente y así sucesivamente. Siempre dando énfasis en sí es mujer o hombre?. Espero respuesta gracias (30-3-2019).

@RAEinforma: Si el referente es inespecífico (no se refiere a nadie en concreto), debe usar el masculino, que tiene ahí valor genérico; si tiene referente concreto, deberá usarse el masculino o el femenino en función del sexo de la persona a la que se refiera (1-4-2019).

Al analizar el tuit de respuesta de la RAE, hay que tener en cuenta funciones lingüísticas como la del consejo implican una asimetría de carácter endógeno. Vemos aquí que la disparidad se basa en aspectos socioculturales y que viene amplificada por el carácter institucional de la relación (Gallardo-Paúls 1996). El tratamiento del interlocutor, expresado a través de las estrategias que implican cortesía, también puede considerarse como un ejemplo de asimetría endógena (Kerbrat- Orecchioni 2005). Entre otras cosas, el parentético con la explicación del significado del término "inespecífico" parece marcar aún más esta distancia.

3.1.2 Intervenciones cerradas

Generalmente, en la comunicación digital los mensajes: se ajustan a las características de brevedad y al propósito o intención comunicativa del usuario/emisor (Vela Delfa 2011), corresponden a un solo acto de habla; se estructuran como unidades coherentes; son fácilmente identificables; presentan un estilo directo; se configuran como intervenciones cerradas y presentan elementos que completan la intervención como formas de saludo, de agradecimiento, etc. Las secuencias analizadas permiten observar la estructura dialógica y la relación interna que mantienen los intervinientes según una secuencia lineal y ordenada:

(2) @nombredeusuario: @RAEinforma ¿Ustedes aceptaron el lenguaje inclusivo? Resuelvan mi duda por favor. Saludos (7-11-2019).

@RAEinforma: #RAEconsultas El español ya dispone de un mecanismo inclusivo: el uso del masculino gramatical, que, como término no marcado de la oposición de género, puede referirse a grupos mixtos y, en contextos genéricos o inespecíficos, a personas de uno u otro sexo (7-11-2019).

El tuit de respuesta del lingüista es, como la mayoría de los tuits reactivos, la enésima reformulación del principio gramatical. Actúa de forma indirecta, renunciando además a adquirir un papel agentivo. En este caso el especialista no siente la necesidad de explicar el significado del término "inespecíficos", probablemente a raíz de la calidad lingüística del enunciado que abre la interacción y, por ende, de la identidad discursiva de su interlocutor.

3.1.3 Intercambios con *follow up*

En las plataformas digitales los turnos no están controlados por los participantes, aunque este es un aspecto fundamental para reconstruir la coherencia dialógica del intercambio. Al contrario, en estos intercambios la secuencia de pares adyacentes es muy ordenada. El llamado *terzo turno* o *follow up* (Orletti 2000) es una intervención que se coloca en la secuencia inmediatamente posterior a un par adyacente donde se expresa una opinión que puede alinearse o contrastar con la posición expresada en la respuesta. La función de control –y de poder– puede ejercerse a través del material lingüístico o comunicativo que ocupa esta posición en la secuencia (o incluso a través de la elección de no usar este turno) y permite medir, entre otras cosas, en el plano de la cortesía lingüística, el grado de imposición del enunciado para la imagen de estos interlocutores:

(3) @nombredeusuario: Tengo una #dudaRAE ¿La @RAEinforma acepta el uso del lenguaje inclusivo? (31-10-2019).

> @RAEinforma: #RAEconsultas El llamado 'lenguaje inclusivo' supone alterar artificialmente el funcionamiento de la morfología de género en español bajo la premisa subjetiva de que el uso del masculino genérico invisibiliza a la mujer (31-10-2019).

>> @nombredeusuario: gracias #dudaRAE (4-11-2019).

En el intercambio presentado aquí, algunos de los elementos lingüísticos utilizados – "El llamado"; "supone"; "artificialmente"; "premisa subjetiva" – hacen que el enunciado de la Academia resulte potencialmente amenazador no tanto de la imagen del interlocutor que concretamente está dirigiendo esta pregunta a @RAEinforma, sino de la de todo usuario que quiera emplear ese tipo de lenguaje, debido a que la premisa de sus argumentos se basa en unos factores no científicos. El hecho de que el usuario conteste en el *follow up* agradeciendo a la Academia su respuesta se puede explicar con lo que Briz (2014) define como una característica propia del medio. En este contexto las formas de conducta interaccional pueden transgredir ciertos principios cooperativos sin tener consecuencias sociales.

3.1.4 Intervenciones argumentativas

Puede ser interesante considerar también el papel discursivo de los usuarios que rechazan lo que los lingüistas de la Academia sugieren sobre las cuestiones relacionadas con temas de género, argumentando su irritación de forma narrativa. En las secuencias que siguen, la usuaria despliega estrategias de imagen presentándose como sujeto de la interacción aunque, de hecho, no pregunte nada; la petición: «Qué dice la @RAEinforma ante esto?» es de otro participante. La usuaria no tiene miedo a arriesgar su propia imagen y la de la Academia produciendo una serie de enunciados abiertamente polémicos para llegar al conflicto. La respuesta de quien administra el perfil institucional, que aparentemente se apoya en una reformulación de la norma, aun ocultándose detrás de la neutralidad emotiva del metalenguaje gramatical, aprovecha el espacio de la enunciación para defender su imagen y hacer unas precisiones sobre el aspecto de imparcialidad de la institución:

(4) @nombredeusuaria: Mi pequeña hija (10 años) contando lo extraño que le resultó de chica aceptar que, cuando había niños y niñas, tenía que decirse igual que cuando había sólo chicos Orígenes de una mente cuestionadora con conciencia de género. Todo lo que uno llama invisibilizar (8-5-2019).

> @nombredeusuaria: Ante esto, y pensando en quienes creen que es una tontera, me pregunté cómo reaccionarían sus compañeros (o vuestros hijos) si les dijeramos que desde ahora serán "todas" o "niñas" cada vez que haya hombres y mujeres en una sala. Hagamos el ejercicio y comprobemos los sesgos (8-5-2019).
>
> @nombredeusuario: Que dice la @RAEinforma ante esto? (8-5-2019).
>
>> @RAEinforma:#RAEconsultas Esa condición del masculino gramatical como término no marcado no puede modificarse de forma consciente por deseo o imposicioń de ninguń grupo de hablantes (13-5-2019).

3.1.5 Intervenciones que cuentan historias

En las interacciones digitales de las que nos estamos ocupando, la narración de la identidad de los sujetos emisores de los tuits responde a una actividad que asigna al lenguaje una función definitoria fundamental ya que es el único elemento que permite recuperar los rasgos de su imagen. En la opinión de algunos usuarios, las respuestas de la @RAEinforma remiten a un proceso de creación de la identidad según una proyección discursiva heterónoma tanto de los grupos sociales como de los propios individuos. Al respecto, Fasino (2022) defiende que es posible la construcción de una imagen grupal incluso de parte de un *yo* que en realidad no pertenece a aquel colectivo. Para algunas usuarias el uso del masculino gramatical como genérico es una norma formulada por la institución académica que tiene como resultado invisibilizar a la mujer. La defensa de la RAE en las réplicas provoca en las interlocutoras un efecto de rechazo amplificado por la inmediatez comunicativa del medio digital en una polémica que se coloca en un *continuum* con el mundo real.

En el caso de (5) respecto a los tuits del colectivo @somosmadrastras, la doble posibilidad de ser a la vez objeto del discurso y usuarias de la lengua española adquiere mayor importancia en la construcción del papel agentivo como hablantes. Aunque en la *bio* el grupo se define como «una comunidad para acoger mujeres que se convirtieron en madrastras», quien pertenece a esta comunidad rechaza el uso de un determinado constructo lingüístico o de una definición que la designe. La última réplica de la RAE sigue la línea del ejemplo anterior, con la defensa de su imagen mediante una estrategia de legitimación de su labor lexicográfica. El cierre de la conversación consiste en una invitación a utilizar el Formulario de la Unidad Interactiva del Diccionario con el enlace correspondiente. En esta última secuencia, @RAEinforma despliega una estrategia conversacional que cumple la función de contextualizar su identidad grupal y preservar su imagen proponiendo la interacción como clave para la solución del conflicto:

(5) @somosmadrastras: Antes que me olvide @RAEinforma, en el primer apartado del significado de la palabra madrastra. "Mujer del padre de una persona nacida de una unión anterior de este." ¿Cómo sería en caso de ser una relación homoafectiva? Sería genial incluir a todas las personas. #dudaRAE (24-10-2019).

> @somosmadrastras: Hola @RAEinforma, supongo que sabéis que cada vez más existen madrastras en el mundo. Me encantaría saber por qué en el segundo apartado ponéis: "Madre que trata mal a sus hijos". ¿Sería posible cambiar este apartado para algo más real? ¡Gracias! #dudaRAE (24-10-2019).
>
>> @RAEinforma: #RAEconsultas No es posible eliminar esa acepción, pues es obligación de todo diccionario registrar los sentidos con los que los hablantes, no solo de hoy, sino también del pasado, usan o han usado las palabras y expresiones 1/2 (3-11-2019).
>>
>> @RAEinforma: #RAEconsultas Los diccionarios son también claves de lectura, necesarios para poder interpretar adecuadamente los textos 2/2 (3-11-2019)
>
> @somosmadrastras: Es curioso porque muchas palabras cambiaron el significado y por qué no actualizar la palabra madrastra y la palabra padrastro? #dudaRAE (3-11-2019).
>
>> @RAEinforma: #RAEconsultas Puede enviar sus sugerencias o comentarios al DEL a través del formulario específicamente habilitado para ello en nuestra web: ow.ly/FBml30rZ6Wc (3-11-2019).

3.1.6 La ironía como estrategia conversacional

Como suele ocurrir en el discurso de las redes sociales, algunas personas utilizan también el metadiscurso de los lingüistas de la Academia para crear otros contenidos, centrándose esencialmente en aquellos elementos que mueven los mecanismos interpretativos de los hablantes gracias al nuevo *frame* en que se encuentran los mensajes. En el ejemplo que sigue, la manipulación del tuit originario favorece la creación un marco de "segundo grado" para la inferencia del mensaje. Aquí la ironía se utiliza como estrategia conversacional para amenazar la imagen de la RAE e insinuar que en una de sus respuestas la propia Academia había utilizado el mismo recurso generando un enunciado abiertamente descortés hacia su interlocutor para resolver una situación conflictiva:

(6)

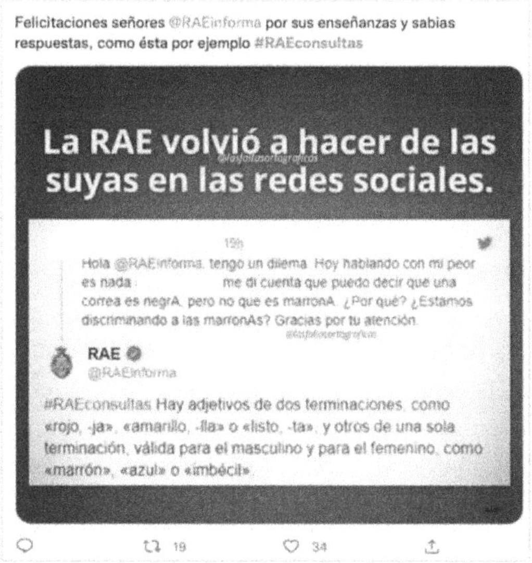

3.1.7 Predominancia interaccional de la Academia

Es raro que haya un tuit iniciativo de la Academia, pero en el ejemplo que sigue la RAE abre la comunicación a raíz de una respuesta que había dado anteriormente y que había levantado muchas polémicas. Al constituirse el primer Gobierno de Pedro Sánchez, en junio de 2018, muchos usuarios enviaron tuits sobre las expresiones *Consejo de Ministras / Consejo de Ministros y Ministras* y @RAEconsultas había contestado: «Si solo estuviera formado por mujeres, habría de llamarse "Consejo de Ministras". Si se trata de un colectivo mixto, el uso de "ministras" no resulta válido». Este tuit completa la respuesta que se dio en su momento y quiere aclarar de una vez la posición de la RAE. Sin embargo, existen ciertos patrones interaccionales que podemos entender como simétricos que como siempre se concretan en rasgos lingüísticos y de conducta interaccional. Con el fin de desvelar una estrategia conversacional supuestamente amenazadora de la imagen de los destinatarios del mensaje de la Academia, la reacción del usuario tiene la mayor fuerza argumentativa debido a dos recursos que se reiteran en sus enunciados, a saber, la polifonía y la deixis textual. Ambos mecanismos se explicitan gracias a elementos indicadores como el uso del entrecomillado y a nivel discursivo la introducción del verbo "citar" como manifestación del señalamiento deíctico:

(7) #RAEconsultas «Sin conocer la actualidad política de España, es imposible que un hablante de español sospeche que esa expresión [«Consejo de Ministras»] se está empleando para hacer referencia a un órgano no constituido íntegramente por mujeres». @usuario «Entender que "Consejo de Ministras", y cito, "hace referencia a un órgano no constituido en su mayoría por mujeres" y en la misma frase decir que "es imposible entenderlo" es subestimar en grado superlativo a "los hablantes de Español"» @RAEinforma (24-6-2019).

4. Conclusiones

Las relaciones de (a)simetría que se han observado en los ejemplos analizados dependen de cómo los elementos lingüísticos y discursivos presentes en los textos contribuyen a la expresión de la identidad discursiva de los participantes. Estos factores determinan también un cambio en el grado de imposición del enunciado para la imagen del destinatario y reflejan el carácter dinámico de dichas interacciones. En el caso de los tuits presentados, en los mensajes iniciativos los usuarios emplean un lenguaje directo, sin formas de atenuación, con pocas formalidades rutinarias. Hay también actos de habla abiertamente descorteses, que actúan como seña de identidad grupal y, en algunos casos, esta descortesía actúa de forma casi lúdica a través de la ironía.

Los tuits reactivos de la Academia, en cambio, representan una manifestación intrínseca de cortesía, ya que pueden ser asertivos, exhortativos, de consejo, recomendación e instrucción; se encuentran redactados masivamente en un metalenguaje que se caracteriza por una falta de emotividad que pertenece a todo lenguaje especializado provocando un efecto de no descortesía o cortesía

explicita. La función informativa y de auxilio de los textos que conforman este servicio de microblogging de la Academia es predominante, aunque hemos notado alguna alteración provocada por el uso lúdico o polémico que los usuarios hacen del metadiscurso de los especialistas.

En lo que se refiere a la relación de poder entre emisor y destinatario, la Academia marca constantemente su presencia en el texto como institución y se coloca como *auctoritas* enunciadora de la norma lingüística. Las asimetrías de conocimiento, que normalmente en un contexto no marcado por la comunicación especializada pueden representar un obstáculo para el correcto desarrollo de la conversación por implicar malentendidos que lleven a la producción de actos reparativos, aquí no se consideran como tales. Al contrario, la posibilidad de ser a la vez tema y usuario del discurso adquiere la mayor importancia en la construcción del papel agentivo de quienes abren la comunicación con sus solicitudes. El carácter institucional de las relaciones en cuestión sustenta la llamada "asimetría constitutiva" (Gallardo Paúls 1996) debido al tipo de situación comunicativa (la consulta) y se funda en los aspectos socio - culturales subyacentes en los participantes. Este aspecto, relacionado con el conocimiento del mundo y con la identidad discursiva de cada uno, es lo que otorga a los participantes un rol específico en la conversación. Como hablantes de la lengua española aceptan o rechazan no solo el uso de un determinado constructo lingüístico, sino también la identidad que la institución académica les está asignando como personas y como hablantes. De ahí que la comunicación entre usuarios y especialistas en las redes sociales como Twitter, además de plasmarse de muchas maneras diferentes, suponga una disparidad destinada a desaparecer en nombre de la horizontalidad que identifica la comunicación digital.

Referencias

Alcántara-Plá, M. (2020). "Metodología híbrida para el análisis del discurso digital. El ejemplo de "democracia" en Twitter", *Cuadernos AISPI*, 16, 25-44.

Bravo, D. y Briz, A. (eds) (2004). *Pragmática sociocultural. Estudios sobre el discurso de cortesía en español*. Madrid, Ariel.

Briz, A. (2014). "Hablar electrónicamente por escrito", *Romance Corpora and Linguistic Studies*, 1, 77-89.

Brown, G., y Yule, G. (1993). *Análisis del Discurso*. Madrid, Visor.

Calvi, M.V, Hernán-Gómez Pietro, B. y Mapelli, G. (eds). (2017). *La comunicazione specialistica: aspetti linguistici, culturali e sociali*. Milano, FrancoAngeli.

Cantamutto, L. y Vela Delfa, C. (2016). "El discurso digital como objeto de estudio: de la descripción de interfaces a la definición de propiedades", *Aposta. Revista de Ciencias Sociales*, 69, 296-323, http://apostadigital.com/revistav3/hemeroteca/cvela2.pdf.

Fasino, P. (2022). *La construcción discursiva de la identidad femenina en la prensa franquista: el ejemplo de Y. Revista para la mujer (1938–1945).* [Tesis doctoral]. Palermo, Università degli Studi di Palermo.

Fuentes Rodríguez, C. (2021). *El discurso y su realización. Lingüística pragmática, argumentación y cortesía.* Sevilla, Editorial Universidad de Sevilla.

Gallardo Paúls, B. (1996). *Análisis conversacional y pragmática del receptor.* Valencia, Episteme.

Gallardo Paúls, B. y Enguix Oliver, S. (2016). *Pseudopolítica: el discurso político en las redes sociales.* Valencia, Universitat de València.

Kerbrat-Orecchioni, C. (2005). *Le Discours-en-interaction.* Paris, Armand Colin.

Lara Padilla, T. (2012). *Twitter y sus funciones comunicativas.* https://www.tiscar.com/search?updated-max=2012-04-03T11:37:00%2B02:00&max-results=7

Leonardi, P. y Viaro, M. (1983). "Insubordinazioni", en F. Orletti (ed.), *Comunicare nella vita quotidiana.* Bologna, Il Mulino, 147-174.

Linell, P. y Luckmann, T. (1991). "Asymmetries in dialogue: some conceptual preliminaries", en I. Marková y K. Froppa (eds.), *Asymmetries in dialogue.* New York, Barnes and Noble, 1-20.

Mancera Rueda, A. y Pano Alamán, A. (2013). *El discurso político en Twitter. Análisis de mensajes que* "trinan". Barcelona, Anthropos.

Mapelli, G. (2019). "L' Ayuntamiento de Madrid in Twitter: un'analisi pragmatico-discorsiva", en M.C. Jullion e I. Cennamo (eds.), *Institutions et médias. De l'analyse du discours à la traduction. Istituzioni e media. Dall'analisi del discorso alla traduzione.* Lingue, Culture, Mediazioni / Langues, Cultures, Médiations [en cursiva], 303-320.

Muñoz, A. y Argüelles Álvarez, I. (2010). "Análisis del discurso en redes sociales. Twitter un caso bajo estudio", en J.L. Bueno Alonso (coord.), *Analizar datos > Describir variación.* Vigo, Universidade de Vigo, Servizo de Publicacións.

Real Academia Española (2020). *Informe de la Real Academia Española sobre el uso del lenguaje inclusivo y cuestiones conexas.* https://www.rae.es/sites/default/files/Informe_lenguaje_inclusivo.pdf

Noblía, M.V. (2000). "Más allá de la Netiquette: la negociación del español y la cortesía en las chats", *Oralia*, 4, 149-176.

Orletti, F. y Mariottini, L. (2012). "La expresión de la agentividad en español e italiano. La atenuación del agente en las narraciones de acontecimientos traumáticos", *Tonos digital*, 22, http://www.tonosdigital.es/ojs/index.php/tonos/issue/view/29/showToc

Orletti, F. (2000). *La conversazione diseguale. Potere e interazione*. Roma, Carocci.

Richards, K. (2006). "Being the teacher: Identity and classroom conversation", *Applied Linguistics*, 27, 1, 51-77.

Van Dijk, T. A. (2009). *Discurso y poder*. Barcelona, Gedisa.

Yus Ramos, F. (2001). *Ciberpragmática*. Barcelona, Ariel.

Yus Ramos, F. (2010). *Ciberpragmática 2.0. Nuevos usos del lenguaje en Internet*. Barcelona, Ariel.

Vela Delfa, C. (2011). "Marcas de enunciación en la comunicación mediatizada por ordenador: la expresión del tiempo y el espacio", en E. Hernández Socas, C. Sinner y G. Wotjak, (eds.), *Estudios de tiempo y espacio en la gramática española*. Bern, Peter Lang, 365-380.

Ana Pano Alamán

Discursos *a la contra*: negación y persuasión en el discurso político en Twitter/X

Resumen: En este capítulo se presentan los resultados de un análisis pragmalingüístico mixto de los mecanismos sintácticos de negación presentes en un corpus de mensajes publicados por cuatro líderes políticos españoles en Twitter/X. En concreto, se analiza la presencia y función del adverbio *no* y de otras marcas de la negación. Desde un enfoque polifónico, se explora el funcionamiento de la negación metalingüística en relación con las estrategias persuasivas que estos políticos adoptan en el microblog. Los resultados apuntan a un uso predominante de *no* seguido de verbos auxiliares y de *ni* en diversas series enumerativas por parte de los líderes de la oposición, especialmente, en los tuits del líder de VOX, caracterizados por una retórica negativa.

Palabras clave: discurso político, negación, persuasión, polifonía, Twitter/X

Abstract: This chapter presents the results of a mixed pragmalinguistic analysis of the syntactic negation mechanisms present in a corpus of messages published by four Spanish political leaders on Twitter/X. The analysis is focused on the presence and function of the adverb *no* and other marks of negation within the corpus. From a polyphonic approach, the function of metalinguistic negation is explored in relation to the persuasive strategies that these politicians adopt in the microblog. The results point to a predominant use of *not* followed by auxiliar verbs and *neither/nor* in several lists, by opposition leaders and, especially, within the tweets published by the leader of VOX, which are characterized by a negative rhetoric.

Keywords: political discourse, negation, persuasion, polyphony, Twitter/X

1. Introducción

Como se ha señalado en diversos estudios sobre la comunicación política, hoy en día se asiste a un aumento en los discursos de líderes y partidos de las llamadas "retóricas de la negación" (Villar 2021). El concepto hace referencia a un tipo de estrategias, frecuentes en el discurso de los partidos de extrema derecha en las redes sociales, en los que la negación, como posición enunciativa (Gallardo-Paúls 2020), establece una escuadra ideológica mediante la cual el *nosotros*, cargado de valores positivos, se opone sistemáticamente al *ellos*, grupo al que se carga de valores negativos. En este sentido, la negación en el discurso político refuerza la confrontación, la polarización y el conflicto, y "aunque puede ser un discurso que toma la iniciativa e inaugura a veces sus propias líneas comunicativas [...] parece obtener su máximo desarrollo en su dimensión reactiva (reaccionaria), 'a la contra' de discursos ajenos" (Villar 2021: 15). En efecto, la negación es uno de los lugares privilegiados en los que la relación con otras voces se hace evidente (Ducrot 1984; García Negroni 2009, 2016, 2018), puesto que permite al hablante construir su figura enunciativa por medio de la descalificación del discurso de un *otro* antagonista que se hace patente a partir de la negación, así como de la afirmación de su propia posición como sujeto enunciante, a través de esa refutación. Las otras voces que se niegan pueden ser las del adversario político, pero también las de "un saber popular", una *doxa* que se contrapone a la posición ideológica del sujeto (Maizels 2020: 967).

Parte de la investigación dedicada a los partidos de extrema derecha y populistas en distintos países aborda las "campañas negativas" que se caracterizan por los ataques lanzados contra el oponente político o contra un otro que se presenta como enemigo del *pueblo* al que se demoniza (Hidalgo-Tenorio *et al.* 2019; Villar 2021; Roitman 2007; Alcoceba-Hernando *et al.* 2023). Otros trabajos se han centrado en la negación en el discurso político desde un enfoque lingüístico que entiende el fenómeno de forma más restringida, como una declaración del tipo 'X no es Y' (Wilson 1997; Lau y Rovner 2009; Paskhalis y Müller 2017), en los que se demuestra que los partidos de oposición, especialmente los que se sitúan en la extrema derecha, son más propensos a utilizar mecanismos lingüísticos de negación en sus discursos.

El objetivo de este trabajo es contribuir al estudio de la negación como estrategia persuasiva en el discurso político en redes, adoptando un enfoque pragmalingüístico. Para ello, se ha llevado a cabo un análisis mixto y comparado de la negación en español en los mensajes de cuatro líderes políticos españoles –Pedro Sánchez (PSOE), Alberto Núñez Feijóo (PP), Yolanda Díaz (SUMAR) y Santiago Abascal (VOX)– publicados en Twitter/X entre 2020 y 2022. Este periodo temporal coincide con las elecciones a la Junta de Andalucía del 19 de junio de 2022, con el periodo de crisis de la pandemia de COVID-19 y con la celebración de las Conferencias de las Naciones Unidas sobre el Cambio Climático (COP26, COP27). En relación con estos dos últimos acontecimientos, cabe recordar que, a raíz de las medidas adoptadas en diversos países contra la pandemia y de las políticas pensadas para frenar el cambio climático, ha habido un auge de las posiciones negacionistas en la opinión pública y que estas han sido alimentadas a menudo por un discurso político que usa la negación como arma de persuasión e incluso de manipulación en las redes (Macías Couso 2022; Pano Alamán 2023).

2. Marco teórico

Debido a su complejidad y a sus múltiples manifestaciones y funciones en la lengua, la negación en el español cuenta con numerosas investigaciones. Generalmente, los estudios se han ocupado de los mecanismos sintácticos y semánticos de la negación a partir del estudio de los activadores de polaridad negativa (Bosque 1980; Hernández Paricio 1985; Camus 1992; Sanz 1996; Sánchez López 1999; NGLE 2009), así como de la negación en el discurso (Bustos Guadaño 1986; García Negroni 2009, 2016, 2018).

Desde un punto de vista sintáctico, las marcas de negación se han clasificado siguiendo un criterio distribucional que muestra la importancia de su posición en la estructura lingüística. El adverbio *no*, que es la forma principal de negación en español, suele anteponerse al segmento con el que está en relación, generalmente el núcleo verbal de una oración. Otros adverbios de polaridad negativa, como *nunca*, *jamás* o *tampoco*, expresan negación cuando se anteponen al verbo o cuando aparecen detrás de él en oraciones en las que aparece también *no* (Camus 1992). El adverbio se combina con pronombres y adjetivos indefinidos como *nadie*, *nada*, pronombres como *ninguno* y la forma adjetiva apocopada *ningún*. Asimismo, *no* puede aparecer en combinación con sintagmas introducidos por *ni* antepuestos al verbo. En el nivel morfológico, la negación suele expresarse, en cambio, a través de prefijos como *in-* o *des-*, que aparecen en palabras que se reconocen e interpretan como negativas incluso en oraciones sin el *no* (Sánchez López 1999: 2564).

La negación se considera un operador sintáctico que condiciona o suspende la referencia de otras unidades presentes en su ámbito de influencia. Como se señala en la *Nueva Gramática de la Lengua española*, "En las oraciones negativas se expresa la falsedad de los estados de cosas, la inexistencia de las acciones, los procesos o las propiedades de que se habla, generalmente en relación con las oraciones afirmativas correspondientes" (2009: 3631). De hecho, lo primero que se destaca en relación con este fenómeno es que las oraciones afirmativas se consideran no marcadas con respecto a las negativas; "mientras que para afirmar no es necesario recurrir de forma explícita a ninguna marca gramatical, para negar sí lo es" (González Rodríguez 2009: 10). Dado que para negar algo es necesario emplear una marca explícita, la expresión de la negación constituye una estrategia que obedece a una precisa intención comunicativa.

Desde un enfoque pragmático, cabe considerar la estrecha relación entre negación y presuposición. Y es que, al adoptar los mecanismos mencionados, el hablante pretende refutar el contenido proposicional relacionado con un discurso previo, de manera que la información rechazada se interpreta como supuesta, verosímil o esperable (NGLE 2009: 3639). De ahí que la diferencia entre oraciones afirmativas y negativas sea el estatus presuposicional marcado de las negativas. Cuando el hablante niega algo supone que su interlocutor "tiene motivos para creer lo contrario, bien porque lo haya afirmado explícitamente con anterioridad, lo haya implicado de algún modo o pertenezca al universo pragmático del discurso" (Bustos Guadaño 1986: 98; cfr. Givón 1978). Por ello, mientras que las oraciones afirmativas transmiten una información supuestamente nueva y relevante para el oyente, las negativas se utilizan generalmente para corregir una creencia errónea, supuestamente asumida por él. Desde esta perspectiva se afirma que la negación tiene un carácter de cita encubierta, en la medida en que el enunciado negado puede ser algo dicho anteriormente en una conversación, una suposición sociocultural, una expectativa conocida de nuestro interlocutor o una creencia que puede producirse en él si no se rechaza previamente (Hernández Paricio 1985: 119).

Adoptando un marco polifónico del discurso (Ducrot 1984), García Negroni (2009, 2016) plantea el concepto de "negación metalingüística". Este tipo de negación permite cuestionar y rechazar el marco discursivo impuesto por un discurso anterior para situarse en un marco diferente al rechazado. La negación metalingüística presenta dos variantes, una estrictamente metalingüística que se caracteriza "por descalificar el marco o espacio de discurso impuesto por una palabra anterior del interlocutor o del propio locutor", situando el propio discurso en un espacio distinto del rechazado o descalificado; y la metadiscursiva, que no prevé la presencia del enunciado que refuta y que descalifica el discurso ajeno cancelando el marco de discurso que se evoca en él (García Negroni 2009: 62, 67). La negación metalingüística permite, pues, poner en duda y rechazar el marco de discurso que impone un discurso previo de manera que es posible situarse en un marco diferente. Además, el enunciado de rectificación con el que el locutor se identifica explicita un marco de discurso nuevo, contrario o distinto al precedente que se niega, que el locutor considera más adecuado para la representación de la situación de la que se trata (García Negroni 2016: 12). El destinatario del mensaje accede al nuevo marco discursivo, activando una serie de presuposiciones basadas en las creencias y premisas que se conectan con su experiencia, sus conocimientos o su visión del mundo. La negación supone por tanto la presencia de dos puntos de vista antagónicos que pueden ser atribuidos a distintos seres discursivos. En el ámbito de la comunicación política, es una estrategia que permite rastrear los puntos de vista que están en juego, por ejemplo, en los debates electorales, e identificar los argumentos, en ocasiones falaces, que emplean los candidatos (Roitman 2017: 14). A partir de una concepción de la política como espacio privilegiado de confrontación y como manifestación de posiciones antagónicas, en el que el *discurso otro* suele rechazarse para instaurar un discurso alternativo, es posible afirmar que la negación juega en este tipo de discurso un papel fundamental. Se trata de un mecanismo persuasivo eficaz que permite que el sujeto afirme su posición en contraposición a interlocutores específicos tanto en el discurso de los jefes de gobierno (Maizels 2010; Pano Alamán 2011; Durán 2017) como en el discurso político en redes sociales (Mancera Rueda y Pano Alamán 2013; Gallardo-Paúls 2018, 2020). En este sentido, alimenta un tipo de comunicación persuasiva que juega con la dicotomía, en ocasiones maniquea, "nosotros vs. los otros" (Macías Couso 2023).

Por ejemplo, en los discursos políticos inaugurales estadounidenses, la negación se emplea frecuentemente para posicionarse contra un oponente antitético y definir la propia política futura. A conclusiones similares llegan Roitman (2017), en su estudio en torno a los debates presidenciales en Francia, y Maizels (2010) sobre la negación en el discurso presidencial de Cristina Fernández de Kirchner en Argentina. En estos casos, la refutación permite al sujeto político polemizar con quienes se identifican con el discurso negado y convertirse en fuente de un nuevo discurso que lo distancia de aquellos. Estas mismas funciones se han observado en el discurso político-electoral español en Twitter/X (Mancera Rueda y Pano Alamán 2013) y en otras redes, donde son frecuentes las marcas explícitas de discrepancia, dentro de un discurso seudopolítico (Gallardo-Paúls y Enguix 2016) en el que proliferan la confrontación y la polarización.

3. Metodología y corpus

En este trabajo se ha llevado a cabo un análisis mixto y comparado de los mecanismos lingüísticos de la negación presentes en los tuits de cuatro líderes políticos españoles publicados en Twitter/X entre 2020 y 2022. El análisis tiene como objetivos identificar los principales elementos sintácticos de negación empleados en los tuits; analizar sus funciones discursivas y explorar las diferencias entre los políticos en lo que respecta a su empleo. El estudio se apoya en los planteamientos recogidos en el epígrafe precedente, asumiendo que analizar negación "requiere tener en cuenta tanto las unidades que sirven para manifestarla como el constituyente que se ve afectado por ella" (González 2009: 28).

Adoptando una metodología híbrida de análisis del discurso político en Twitter/X, se ha empleado el programa *Sketch Engine* para extraer las ocurrencias de *no* y de otros elementos de negación en los tuits de cada perfil (*Wordlist*) y generar sus concordancias (*Concordance*). Asimismo, se ha empleado la función *Word Sketch* para identificar los patrones sintácticos de *no* y de otros elementos de negación en el análisis cualitativo. El corpus contiene 3.600 tuits extraídos automáticamente por @nombredeusuario con el programa *Vicinitas* y el servicio *Historical Tweets*, que permite recopilar mensajes publicados en un periodo de tiempo establecido (2020-2022). Los perfiles seleccionados son: @sanchezcastejon, de Pedro Sánchez Castejón, líder del Partido Socialista (PSOE) y presidente del gobierno español durante ese periodo; @NunezFeijoo, de Alberto Núñez Feijóo, líder del Partido Popular (PP) desde abril de 2022 y expresidente de Galicia; @Yolanda_Diaz_, de Yolanda Díaz Pérez, líder de SUMAR, vicepresidenta y ministra de gobierno desde 2020; y @Santi_ABASCAL, de Santiago Abascal, líder de VOX.

La extracción automática proporcionó un total de 6.749 tuits publicados en el periodo 04-12-2020 y 31-07-2022, que fueron descargados en 4 hojas de Excel, una por cada perfil, excluyendo en el proceso los retuits y las respuestas. Con el fin de establecer una proporción para una comparación más fiable entre los cuatro políticos, seleccionamos los últimos 900 tuits publicados por cada uno, obteniendo un total de 3.600 tuits (125,974 *tokens*/ 109,270 palabras), concentrados en el periodo 2021-2022.

4. Resultados

De entrada, los datos relativos a la frecuencia de aparición en cada subcorpus indican que el adverbio *no* es el mecanismo de negación con mayor número de ocurrencias en todos los casos. Este dato no sorprende si se tiene en cuenta que en español es la forma principal para negar algo, bien el núcleo verbal de una oración bien un sintagma al que se antepone. Los datos apuntan que otro tipo de partículas, como la preposición *sin*, la conjunción *ni*, el adverbio *nunca* y los pronombres indefinidos *nadie* y *nada* se sitúan muy por debajo de *no* en todos los subcorpus, llegando en algunos casos a presentar solo 1 o 2 ocurrencias.

La Figura 1 indica la frecuencia absoluta de los principales mecanismos de negación identificados. Después de *no*, que presenta un total de 651 ocurrencias en el corpus general, destaca la presencia de *sin* (139), que aparece generalmente junto a un sustantivo o un sintagma. Le siguen *ni* (108), en estructuras negativas coordinadas, el adverbio temporal *nunca* (65), los pronombres *nadie* (44) y *nada* (27).

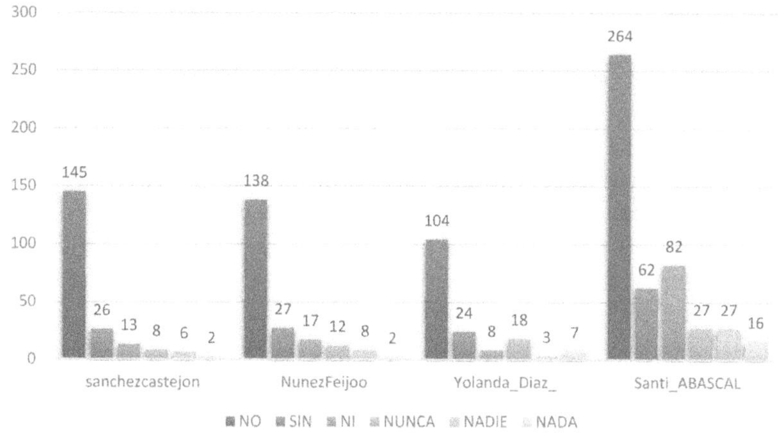

Fig. 1. *Frecuencia absoluta (n. de ocurrencias) de los mecanismos sintácticos de negación*

En términos de frecuencia, destaca la diferencia de empleo de estos mecanismos por parte de cada político. Como se observa en la Fig. 1, Abascal, líder de VOX, es quien recurre a la negación de forma más frecuente y diversificada, ya que emplea las seis partículas en más ocasiones. Véase la diferencia entre el número de ocurrencias de *no* (264) respecto a Sánchez (145), Núñez Feijóo (138) y Díaz (104), que se aleja de estos. Si se suman las ocurrencias de todos los mecanismos sintácticos de negación empleados por cada líder, destaca la neta distancia de Abascal, quien las utiliza en 478 ocasiones, más del doble respecto a Núñez Feijóo (204), Sánchez (200) y, de nuevo, más distanciada, Díaz (164).

Lo mismo puede decirse de *sin*, cuyo número de ocurrencias es similar en Sánchez (26), Núñez Feijóo (27) y Díaz (24), pero muy distinto en los tuis de Abascal, donde se emplea hasta en 62 ocasiones. La misma tendencia, pero con una diferencia aún más marcada, presenta la conjunción *ni*, con 82 ocurrencias en los tuits de Abascal, mientras se reduce drásticamente en los de Núñez Feijóo (17), Sánchez (13) y especialmente Díaz, con 8 ocurrencias. *Nunca* y *nadie* se emplean con la misma frecuencia en el subcorpus de mensajes del líder de VOX (27). Después de este, el adverbio tiene una mayor presencia en los tuits de Díaz (18) respecto a los tuits de Núñez Feijóo (12) y Sánchez, que lo emplea solo en 8 ocasiones. En cuanto a *nadie*, mucho menos presente en el corpus general, la situación se invierte, ya que el líder del PP lo utiliza en 8 ocasiones, Sánchez en 6 y solamente en 3 en el caso de Díaz. Por último, el pronombre *nada* tiene una presencia esporádica (2 ocurrencias) en los tuits de Sánchez y Núñez Feijóo, mientras que presenta 7 ocurrencias en los de Díaz y hasta 16, más del doble, en los de Abascal.

Estos datos permiten afirmar que este es el político que más utiliza la negación en el periodo temporal considerado. Es interesante observar también la diversificación en el empleo de los mecanismos de negación respecto a los otros líderes, quienes privilegian el adverbio *no* frente a *ni*, *nadie* o *nada*. Este primer dato confirma que Abascal es quien más recurre a la negación para posicionarse enunciativamente (Gallardo Paúls 2020) dentro de una estrategia persuasiva de confrontación entre *nosotros* y *ellos* (Alcoceba-Hernando *et al.* 2023). Por otro lado, al contrario de lo que afirman Lau y Rovner (2009), quienes apuntan a una mayor presencia de la negación en los partidos de la oposición, solo un líder de la oposición, VOX, emplea frecuentemente la negación. De hecho, la frecuencia de uso de las partículas de negación por parte del líder del PP, primer partido de la oposición, es similar a la del PSOE, partido en el gobierno.

4.1. Análisis cualitativo

Este apartado se centra en las funciones de la negación en el discurso de los cuatro líderes. El análisis de las concordancias de los mecanismos de negación sintáctica más utilizados (Fig. 1) permite afirmar, de entrada, que la mayor parte de esos mecanismos refutan las proposiciones contenidas de forma más o menos explícita en los discursos del adversario político, presentes en otros tuits y mensajes en redes sociales o reproducidos en los medios de comunicación. La negación metalingüística, especialmente en el discurso político, permite poner en duda y rechazar el marco de discurso que impone un discurso previo. El enunciado de rectificación con el que el locutor se identifica explicita un marco de discurso nuevo, que puede ser contrario o bien diferente respecto al rechazado (García Negroni 2016: 12). Este es el caso en la mayor parte de los tuits del corpus que vehiculan este tipo de estrategia, aunque con diferencias respecto al tipo de discurso que se refuta, y que puede estar originado en un discurso anterior del adversario o en la manifestación de una *doxa* que se contrapone o que polemiza con la posición ideológica del sujeto hablante que niega (cfr. Maizels 2010).

Veamos, en primer lugar, los mensajes más frecuentes, en los que se emplea el adverbio *no*. Generalmente, en estos casos se trata de una negación oracional total, puesto que el adverbio suele afectar a toda la estructura del predicado. En otros casos, menos frecuentes, es parcial, en la medida en que el adverbio niega un sintagma o una palabra. En (1), tuit del líder del PSOE y presidente del gobierno, se emplean los dos tipos:

(1) @sanchezcastejon: El cambio de Gobierno puso el fin a una etapa de corrupción. Y además dio inicio a una nueva etapa en la forma de hacer política: nosotros *no imponemos*, acordamos. Lo hacemos porque gobernamos para la mayoría social que se siente representada en los acuerdos y *no en imposiciones* (29-01-2022).

En el primer enunciado "nosotros no imponemos, acordamos", Sánchez niega que el gobierno que preside imponga determinadas medidas, como entienden los partidos de la oposición –aludiendo así a otras voces–, para sustituir ese marco (el de la imposición) por otro (el del acuerdo), en el que busca situar la acción del gobierno. La idea se repite con función persuasiva en el segundo enunciado referido a la mayoría social "representada en los acuerdos y no en las imposiciones". La negación parcial, que afecta al sintagma "en las imposiciones", rechaza de nuevo el marco en el que los partidos de oposición colocan al gobierno para subrayar lo contrario, que el gobierno representa a la mayoría gracias a los acuerdos.

Núñez Feijóo emplea en (2) los dos tipos de negación oracional, pero en este caso, con una diferencia relevante.

(2) @NunezFeijoo: *No dejar a nadie atrás* es un gran lema, pero hoy nuestro país es más pobre y hay más desigualdad que hace cuatro años. El enemigo del Gobierno *debe ser la pobreza y no la riqueza*. Proponemos medidas contra la exclusión social (21-07-2022).

En primer lugar, cita el lema que emplea el PSOE ("no dejar a nadie atrás") desde el inicio de la pandemia –pero que remite también a la Agenda 2030 de las Naciones Unidas–, para admitir, quizá de forma irónica, que es "un gran lema". Se trata de una negación en la que se combinan *nadie* y *no* para reforzar el marco de la inclusión sobre el que insiste el gobierno en otros tuits. En segundo lugar, emplea el adverbio ante la palabra "riqueza". Núñez Feijóo establece así dos marcos discursivos opuestos: "pobreza vs. riqueza", que se asocian a *ellos* y a *nosotros*, respectivamente. Retoma así un supuesto compartido con sus seguidores y votantes según el cual para el gobierno es necesario combatir la riqueza, especialmente, por medio de impuestos. Rechaza que ese sea el enemigo, poniéndose en contraposición al gobierno, señalando así que el enemigo "debe ser" la pobreza. Mediante esta estrategia intenta apropiarse del marco discursivo del adversario.

En el caso de Díaz, predomina la negación que afecta al predicado oracional, como se observa en (3) y (4). La estrategia parece anticipar las objeciones que podrían plantearse a las medidas del gobierno del que forma parte a modo de defensa ante posibles críticas. Se retoman también implícitamente esas otras voces que afirman lo que ella niega: que, contrariamente a lo que algunos – partidos en la oposición, opinión pública – pueden pensar, las decisiones del gobierno sobre la guerra de Ucrania "no son fáciles", que la reforma laboral "no modifica la jornada" y que respetar el derecho al descanso "no es un capricho":

(3) @Yolanda_Diaz_: *No son decisiones fáciles*, pero el Gobierno está actuando con determinación para defender la paz tras este injusto ataque. Una vez lo consigamos, seguiremos apostando por la autonomía estratégica y energética europea, aprovechando la unidad de Europa mostrada estos días (01-03-2022).

(4) @Yolanda_Diaz_: La reforma laboral *no ha modificado la jornada* ya regulada hace décadas en el Estatuto de los Trabajadores. Respetar el derecho al descanso *no es un capricho*: es una obligación de gran importancia en la prevención de riesgos laborales y en la garantía de la salud en el trabajo (04-04-2022).

Como se ha visto, Abascal es el líder que más emplea en sus mensajes el adverbio *no* y otros mecanismos de negación. En sus tuits destaca, además, la combinación de *no* con otras partículas, como *ni, sin, nadie, nunca*, en estructuras oracionales más complejas, en las que aparecen series enumerativas, muy frecuentes en el subcorpus de tuits de Abascal. En los mensajes analizados es habitual encontrar diversos casos de negación coordinada copulativa. Como se observa en (5) y (6), la fórmula de este tipo de enunciados es *No A ni B*, conjunción que tiene diversos valores:

(5) @Santi_ABASCAL: *No les importa el desempleo, ni el precio de la luz, ni la inseguridad, ni la falta de industria, ni las dificultades de los jóvenes* para tener una vivienda o formar una familia. *No les importa mejorar la vida de la gente*, solo que VOX llegue a gobernar y pueda cambiarlo todo (13-06-2022).

(6) @Santi_ABASCAL: En segundo lugar, la inmigración ilegal también representa un problema para la convivencia. Que nos perdonen, pero el modelo que queremos *no es ni el de Molenbeek, ni el de Amsterdam ni el de los 100 barrios franceses* donde impera la sharia (19-11-2021).

En (5), tiene un valor aditivo que permite al líder de VOX indicar qué es lo que *no* les importa a *ellos* (mención indirecta al gobierno o a los partidos que gobiernan) frente a lo que sí les importa: que su partido llegue a gobernar. La negación le permite reforzar el marco según el cual al gobierno no le importan los problemas de la ciudadanía y plantear un marco diferente, que no excluye el anterior, sobre su única preocupación. Establece así, implícitamente, una oposición entre el gobierno, asignándole un marco de discurso negativo, y VOX, que parece asociarse al marco positivo que lo presenta como el único partido al que sí le importa mejorar la vida de "la gente".

Esta estrategia es también intensificadora en la medida en que se apoya en la serie enumerativa; en (6) se indica cuál es el modelo de sociedad que su partido, y el colectivo que incluye en un *nosotros* implícito, *no quiere* –nótese la *captatio benevolentiae* "que nos perdonen"– y que, de nuevo establece, por medio de una inversión, un nuevo marco de discurso contrario al suyo que *sí quiere*, y que se asocia implícitamente en la mente de quienes comparten su ideología a los partidos que a través de sus políticas de inmigración parecen querer el modelo que rechaza. Cabe recordar que, en el discurso político, la repetición de palabras y la coordinación en forma de lista o serie de dos o más elementos en la oración es una estrategia eficaz para influir en el destinatario. En los tuits de Abascal, esta es una fórmula habitual, propia de un discurso populista que apela de forma constante a la gente o al pueblo, víctima de distintos tipos de amenaza, que ataca discursivamente a quien gobierna y supuestamente no actúa y a otros grupos sociales culpables de esa amenaza (Pano Alamán 2023). Como han demostrado también Alcoceba-Hernando *et al.* (2023), las estrategias discursivas empleadas por Abascal en sus intervenciones parlamentarias se centran en la deslegitimación del Gobierno y sus políticas, mediante el rechazo y la deformación de su discurso.

El empleo de la función *Word Sketch* nos ha permitido identificar de manera más detallada los patrones sintácticos de *no*. Los resultados confirman que el adverbio se combina de forma frecuente con verbos modales, impersonales o copulativos en todos los casos. En los cuatro subcorpus predomina la estructura NO PODER, seguida de NO SER y, en los tuits de Sánchez, Díaz y Abascal, de NO HABER. En los mensajes de Núñez Feijóo, destaca en cambio NO IR, dentro de la perífrasis verbal aspectual "No vamos a + infinitivo". Estas fórmulas se emplean generalmente para destacar las propias políticas y valores en oposición a las de otros partidos.

Por ejemplo, en (7) Sánchez rechaza la posibilidad de que Europa se someta al "chantaje energético" de Rusia tras el inicio de la guerra, haciendo referencia a las voces que parecen afirmar tal cosa, con el objeto de presentar un plan de acción europeo contra ese riesgo. De este modo establece un marco diferente mediante el cual busca asegurar al destinatario que se está dando respuesta a ese riesgo. En (8), el líder del PP declara, en un mensaje de carácter electoralista, que el país "no puede esperar más" a que el gobierno encuentre soluciones, refutando la idea de que pueda esperar aún. Instaura un marco discursivo basado en la necesidad de reducir el tiempo de espera para cambiar el gobierno, planteando un programa (estamos #preparados) alternativo:

(7) @sanchezcastejon: Ya en París con @EmmanuelMacron para abordar el impacto de la guerra en Ucrania. *Europa no puede ser sometida a un chantaje energético.* Hay que actuar ya: avanzando en las interconexiones y frenando el alza de precios de la electricidad que está poniendo en riesgo a las familias (21-03-2022).

(8) @NunezFeijoo: España *no puede esperar más.* Un Gobierno responsable debe invertir menos tiempo en buscar culpables y más en encontrar soluciones. Tienen competencias para hacerlo y otros países ya lo están haciendo. Con Navarra, estamos #Preparados para ofrecerle un pacto a los españoles (25-03-2022).

Véase también como Díaz emplea en (9) dos estructuras oracionales contiguas en las que se combinan *no* y *tampoco*, una fórmula que le permite negar algo tras haber negado otra cosa:

(9) @Yolanda_Diaz_: *No se puede consentir* que una minoría esté aprovechando la crisis para aumentar sus beneficios a cuenta de la mayoría. *Tampoco es de recibo* que el enorme esfuerzo público del gobierno para proteger a la gente acabe enriqueciendo a unos pocos (30-06-2022).

En el primer enunciado, expresado de forma impersonal, aunque remita a la hablante y a su grupo, no se tolera ("no se puede consentir") que una minoría aproveche la crisis para aumentar sus propios beneficios, admitiendo que esto sucede en referencia a ciertas categorías sociales. Por otro lado, denuncia ("tampoco es de recibo") que las medidas del gobierno acaben "enriqueciendo" a esa minoría. En este caso, rechaza una creencia compartida con sus seguidores que se deriva del enunciado negado para reforzar el marco contrario con intención persuasiva: sí se puede consentir que una mayoría aumente sus beneficios y aceptar que el esfuerzo público proteja a la gente y *no* a unos pocos. En mensajes similares a este, que elabora también Sánchez (7), la negación permite al sujeto político polemizar con quienes se identifican con el discurso negado y convertirse al mismo tiempo, como apunta Maizels (2010: 970), "en fuente expresiva de un deber que transmite a sus interlocutores".

En (10), Abascal utiliza la misma estructura modal "no pueden", aunque aquí sí hay un sujeto explícito ("las élites de Bruselas"), para acusar a la UE o a sus grupos de presión de dar la espalda a "su pueblo" adoptando ciertas políticas multiculturales en el campo de la inmigración. Poniéndose discursivamente al lado de "la mayoría de europeos", polemiza con la UE para plantear una solución que se formula como un deber, siguiendo a Polonia:

(10) @Santi_ABASCAL: Este es el único camino posible. El que desea una amplia mayoría de europeos. Las élites de Bruselas *no pueden seguir dando la espalda* a su pueblo y promoviendo el multiculturalismo. Sigamos el ejemplo de Polonia. *Sin soberanía y sin fronteras seguras no habrá libertad* (27-10-2021).

El resultado de no adoptar esa solución, de *no salvar* la soberanía y las fronteras –palabras precedidas de *sin*– será, de acuerdo con la retórica negativa de la amenaza o la destrucción propia de este y otros partidos de derecha radical, la ausencia ("no habrá") de libertad, un concepto que se manipula a menudo en sus mensajes (Pano Alamán 2022).

Son, pues, muy habituales en el corpus, los casos en que el adverbio *no* se antepone al verbo en enunciados asertivos para declarar, por ejemplo, la necesidad de *no perder tiempo* ante la crisis climática (11) o para señalar que la paz y el desarrollo solo pueden darse si hay seguridad y estabilidad, adoptando la fórmula en negativo con *no* y *sin*, que refuerza lo dicho (12).

(11) @Yolanda_Diaz_: Nuestro país necesita una planificación ambiciosa para avanzar en una transición energética justa que ataje la crisis climática y proteja a las personas trabajadoras. Hoy he escuchado a expertos y expertas sobre empleo verde y democracia energética. *No hay tiempo que perder* (18-05-2022).

(12) @sanchezcastejon: *No hay paz sin desarrollo ni desarrollo sin seguridad y estabilidad* El #EUAUSummit es una oportunidad para impulsar una asociación reforzada UE-África para la cooperación ante retos como el terrorismo y promoviendo el papel clave de mujeres y jóvenes en la construcción de la paz (17-02-2022).

La combinación frecuente NO SER aparece en enunciados asertivos por medio de los cuales el sujeto político ataca al adversario, negando rotundamente (13) o bien poniendo en duda (14) su capacidad para "liderar" el país ante una crisis o ante los problemas de gobierno, o planteando, en el caso de Núñez Feijóo, la propuesta de cambio que España está esperando ("tiene hambre de cambio"), dentro del marco que fomenta:

(13) @Santi_ABASCAL: *Sánchez no está capacitado para liderar* España en esta crisis. Los aliados de Putin se encuentran dentro del gobierno de Sánchez, amparados por el Grupo de Puebla y sus intereses criminales. Por culpa de Sánchez, el gobierno de España está a la vez con la OTAN y con Putin (25-02-2022).

(14) @NunezFeijoo: Me preocupa lo que estamos viviendo en España. El Gobierno solo se pone de acuerdo para insultar al PP. *Si Sánchez no es capaz de liderar* a 22 ministros, nunca podrá liderar un país. España tienen hambre de cambio y ese #Cambio también llegará a Pontevedra con @RafaDominguezPo (07-05-2022).

La estrategia es similar en (15), mensaje en el que el líder del PP reitera "lo que no vamos a dejar de ejercer/a ser" en referencia a un marco de discurso previo ("lo que quieren otros partidos"), para afirmar, mediante una adversativa total (*no+sino*) que serán lo contrario, es decir, el gobierno que supuestamente quieren los españoles:

(15) @NunezFeijoo: *No vamos a dejar de ejercer* la oposición que nos corresponde ejercer. *No vamos a ser* el PP que quieren los otros partidos, sino el Gobierno por el que está esperando y quieren los españoles (02-04-2022).

La contraposición entre dos voces es más evidente en (16) y (17), donde se emplea la fórmula "no es" y "no son", respectivamente, para rechazar el marco de discurso del otro y establecer otro marco contrario al rechazado, más adecuado a la propuesta ideológica de cada sujeto político.

(16) @sanchezcastejon: *La política no es* hacerse fotos con animales o hablar en un secadero de jamones; la verdadera política es subir el SMI, revalorizar las pensiones, aprobar un IMV o la ley de FP. La política es algo muy serio, es lo que hace el @PSOE y *no a lo que se dedica* el PP. #VotaPSOE🌹(11-02-2022).

(17) @Santi_ABASCAL: *No son musulmanes contra la islamofobia*, son el caballo de Troya del yihadismo en España. *No podemos combatir* el fundamentalismo islámico *sin denunciar* a quienes blanquean y justifican la barbarie talibán impunemente desde nuestra Patria (23-08-2021).

Sánchez describe con ironía dos modos de hacer política que rechaza categóricamente ("la política no es"), invitando al destinatario a asociar esa manera de hacer política a otros partidos y líderes antagonistas. Plantea un nuevo marco de discurso opuesto al anterior, relacionado con la "verdadera política" que sí hace su partido y que no es aquello "a lo que se dedica el PP". Aclara de este modo a qué partido se refiere en el enunciado en que aparece la negación. En (17), Abascal niega que la plataforma Musulmanes contra la Islamofobia sea lo que declara su nombre en relación con algunas noticias en la prensa que destacaban las reacciones de esta entidad ante el regreso del régimen talibán en Afganistán. La inversión se produce al afirmar que, al contrario, esa plataforma es "el caballo de Troya" de la yihad en España, premisa que le permite poner como condición necesaria ("no podemos + sin") para combatir el fundamentalismo, la denuncia del supuesto blanqueamiento de ese régimen.

En los cuatro subcorpus se emplean otras partículas de negación con distintos valores discursivos. Frecuentemente aparecen en estructuras coordinadas negativas, como en un tuit de Sánchez (18) donde emplea *ni* antepuesto a los sintagmas "una pandemia", "un volcán" y "una guerra"; o en uno de Díaz (19) en el que *sin* inaugura una enumeración donde los sustantivos a los que se antepone (miedo, prejuicios, odio) remiten a un discurso otro que discrimina y que la líder de SUMAR sustituye por un marco discursivo que plantea una sociedad "*con* plenos derechos" y "*en* igualdad":

(18) @sanchezcastejon: Hace 4 años llegamos al Gobierno con las mismas ganas e ilusión de hoy. *No esperábamos una pandemia ni un volcán ni una guerra.* Superamos la pandemia, el volcán y superaremos la guerra. Y lo hemos hecho impulsando empleos y pensiones dignas y limpiando la política de corrupción (28-05-2022).

(19) @Yolanda_Diaz_: *Sin miedo, sin prejuicios, sin odio, sin discriminación*, con plenos derechos y en plena igualdad. Hoy celebramos el #OrgulloLGTBI, una reivindicación cotidiana por una sociedad más inclusiva y libre. Avancemos con todo el orgullo 🏳️‍🌈 🏳️‍⚧️ (09-07-2022).

Núñez Feijóo combina ambas partículas en (20) con el fin de desligitimar la acción de un gobierno que se apoya en la falta de consenso ("sin buscar el consenso") y que *no* adopta medidas contra el gasto *ni* baja los impuestos como parece prometer. En este caso se rechaza la opción política del adversario señalando sus faltas e invitando al lector del tuit a activar un marco contrario implícito que lo sustituye, una opción, la del partido que este político representa, que supuestamente sí hace lo que el gobierno *no* hace:

(20) @NunezFeijoo: El Gobierno ha actuado tarde, *sin hablar con nadie y sin buscar el consenso. Ni una sola medida* para contener el gasto burocrático y político. *Ni rastro* de la bajada de impuestos comprometida en La Palma. Es un plan que ha quedado anulado una vez conocida la inflación de España (31-03-2022).

Abascal utiliza estas partículas con mayor frecuencia y de forma más diversificada en estructuras coordinadas en las que predomina la intensificación. En (21), por ejemplo, denuncia la falta de una serie de cosas que producen bienestar, como la luz, la calefacción, viajar y "la libertad de movimiento", que en este caso remite más bien a poder desplazarse en coche o en avión. De nuevo, el marco discursivo que privilegia es el del riesgo a perder esos beneficios dispares y el de volver al pasado, a la miseria y al frío. Un riesgo al que los españoles se exponen debido a las "ideas progres" de Sánchez y a las medidas que adopta contra el cambio climático. Ante este marco, propone uno contrario, que elabora por medio de palabras connotadas positivamente como "esperanza" y "bienestar".

(21) @Santi_ABASCAL: Sánchez nos trae ideas progres del siglo XXI para que vivamos como en el siglo XIX: *sin luz, sin calefacción, sin viajar, sin poder consumir, sin libertad de movimiento.* Su fanatismo climático solo trae miseria y frío. Devolveremos la esperanza y el bienestar a los españoles (16-12-2021).

(22) @Santi_ABASCAL: *Si no hubiera un drama* detrás, las flagrantes mentiras de los progres moverían a la carcajada. *Pero no*: *nunca han sufrido* tanta presión fiscal las familias, *nunca ha habido* tanto gasto político, *nunca ha habido* tanta ruina, *nunca lo han pasado tan mal* los más vulnerables (02-06-2022).

En (22), emplea el adverbio *nunca* dentro de una nueva serie enumerativa para destacar, en un marco discursivo negativo, el carácter sin precedentes de la situación en la que se encuentran "los más vulnerables". Utilizando una fórmula muy similar a la anterior, rechaza las "mentiras de los progres" destacando los "problemas" muy distintos -nótese la diferencia entre presión fiscal y gasto público, por un lado, y ruina, por otro-, que requieren una solución urgente según el marco discursivo implícito al que pretende que se adhieran sus seguidores en el microblog.

5. Conclusiones

El análisis llevado a cabo en este trabajo sobre la negación en el discurso político español en Twitter/X corrobora en parte los resultados de estudios precedentes sobre la negación como estrategia persuasiva más propia de líderes y partidos que están en la oposición y, especialmente, de aquellos que se sitúan en la extrema derecha del espectro político.

El elemento sintáctico de negación más frecuente en los tuits analizados es *no*, que afecta en la mayor parte de los casos al verbo de la oración y, en menor medida, a los sintagmas o palabras a los que se antepone el adverbio. Otros elementos sintácticos de negación en el corpus general, aunque con menor o escasa frecuencia en los tuits de Sánchez, Núñez Feijóo y Díaz, son *sin, ni, nunca* y *nadie*. En los de Abascal, destaca, en cambio, la presencia de *ni* y *sin*, que afectan a numerosos sintagmas y palabras dentro de series enumerativas que le permiten elaborar, a través de la intensificación, un marco discursivo extremamente negativo. Asimismo, emplea estos mecanismos de forma más diversificada para elaborar un discurso en el que la negación tiene distintas funciones.

Desde el marco polifónico adoptado en este estudio, se ha podido comprobar que todos los políticos recurren a la negación metalingüística, cuya función principal en estos mensajes es rechazar el discurso previo del adversario político, ya esté en el gobierno -la mayor parte de las veces-, ya esté en la oposición. Ese discurso previo puede aparecer más o menos reelaborado en el enunciado que contiene *no* o las partículas de negación mencionadas, sin embargo, en los tuits analizados, predomina la negación metadiscursiva (García Negroni 2009, 2018) que no prevé la presencia del enunciado que se niega sino más bien marcos de discurso ajeno, otros puntos de vista, que se contraponen a la posición ideológica del sujeto hablante. En los mensajes del corpus, el enunciado de rectificación con el que el locutor se identifica hace explícito un marco de discurso contrario o distinto al precedente que se niega, un marco de discurso acorde con la propuesta política o con la ideología del locutor, con el que se pretende persuadir al destinatario. Es en este plano donde más diferencias se observan entre los subcorpus analizados.

Quienes gobiernan –Sánchez (PSOE) y Díaz (SUMAR)– emplean la negación para rechazar posibles críticas a sus medidas contra la crisis económica y energética y para elaborar marcos de discurso diferentes a los de los partidos que están en la oposición, donde se busca reivindicar ante los propios seguidores en Twitter/X qué políticas pueden y deben hacerse. Núñez Feijóo (PP) y Abascal (VOX) rechazan y descalifican los discursos y los marcos asociados al gobierno o a Sánchez reiterando una misma idea, la de la necesidad o incluso la urgencia de resolver los problemas del país, cambiando el gobierno actual, al que se acusa de haberlos causado. En los mensajes de Abascal, esta idea se intensifica siguiendo una estrategia caracterizadora de los discursos polarizados y populistas en los que se impone la confrontación y la presentación del adversario como "incapaz", término de polaridad negativa empleado en ocasiones por Núñez Feijóo, o como "ilegítimo", cuando el gobierno actual se presenta como enemigo del pueblo. A través de este tipo de descalificación y del rechazo repetido hacia lo que dice o hace el gobierno y su presidente, Abascal reitera su oposición al marco discursivo catastrófico con el que asocia al adversario. Dentro de un escenario en el que se resignifican palabras como "libertad", se autoproclama depositario de diversos principios amenazados y se presenta como el único capaz de defenderlos. La negación no solo le permite reelaborar en términos negativos el discurso de Sánchez y, a veces, el de Núñez Feijóo, sino que le sirve también para atacar un tipo de saber que debe ser erradicado, que se construye, como apuntan Alcoceba-Hernando *et al.* (2023), como *otro negativo.*

Referencias

Alcoceba-Hernando, J.A., Homont, L.P.P. y Hernández-Fernández, C. (2023). "Análisis del discurso parlamentario de VOX en la XIV Legislatura: crispación, polarización y nacionalpopulismo", *Estudios sobre el Mensaje Periodístico,* 29, 1, 1-14.

Bosque, J. I. (1980). *Sobre la negación.* Madrid, Cátedra.

Bustos Guadaño, E. (1986). *Pragmática del español: Negación, cuantificación y modo.* Madrid, UNED.

Camus, B. (1992). "Negación doble y negación simple en el español moderno", *Revista de Filología Románica,* 9, 63-101.

Ducrot, O. (1984). *Le dire et le dit.* Paris, Minuit.

Durán, J. M. (2017). "Patrones de negación en el discurso político inaugural de los presidentes estadounidenses", *RASAL Lingüística*, 1, 95-116.

Gallardo Paúls, B. (2020). "La negación como posición enunciativa: el discurso de la derecha radical española en el contexto de redes sociales", en O. Barbera (ed.), *La derecha radical en el Sur de Europa*, Valencia, Bromera/Fundació Nexe.

Gallardo Paúls, B. (2018). *Tiempos de hipérbole. Inestabilidad e interferencias en el discurso político*. València, Tirant Lo Blanch.

Gallardo Paúls, B. y Enguix Oliver, S. (2016). *Pseudopolítica. El discurso político en las redes sociales*. Valencia, Universitat de València.

García Negroni, M. M. (2009). "Negación y descalificación. A propósito de la negación metalingüística", *Ciências e Letras*, 45, 61-82.

García Negroni, M. M. (2016). "Polifonía, evidencialidad y descalificación del discurso ajeno. Acerca del significado evidencial de la negación metadiscursiva y de los marcadores de descalificación", *Letras de Hoje*, 51, 1, 7-16.

García Negroni, M. M. (2018). "Argumentación y puntos de vista evidenciales citativos acerca de la negación metadiscursiva en el discurso político", *Oralia. Análisis del discurso oral*, 21, 223-242.

González Rodríguez, R. (2009). *La expresión de la afirmación y la negación*. Madrid, Arco/Libros.

Givón, T. (1978). "Negation in Language: Pragmatics, Function, Ontology", en P. Cole (ed.), *Pragmatics*, New York, Academic Press, 69-112.

Hernández Paricio, F. (1985). *Aspectos de la negación*. León, Universidad de León.

Hidalgo-Tenorio, E., Benítez Castro, M. Á. y De Cesare, F. (eds.) (2019). *Populist Discourse. Critical Approaches to Contemporary Politics*. London/New York, Routledge.

Lau, R. R. y Rovner, I. B. (2009). "Negative Campaigning", *Annual Review of Political Science* 12, 285-306.

Macías Couso, A. (2023). "Técnicas de manipulación en la propaganda negacionista durante la Covid-19", *Verba Hispanica*, 30, 1, 101-121.

Maizels, A. (2010). "Negación, 'otras voces' y *ethos*. Un análisis de los discursos de campaña política de Cristina Fernández de Kirchner", *RILL*, 17, 1/2, 1-11.

Mancera Rueda, A. y Pano Alamán, A. (2013). *El discurso político en Twitter*. Barcelona, Anthropos.

Pano Alamán, A. (2011). "La negación en el discurso político-económico de J. L. Rodríguez Zapatero", *Revista General de Derecho Público comparado*, 8, 1-33.

Pano Alamán, A. (2022). "La 'libertad' en el discurso político español en Twitter", *Verba Hispanica*, 30, 1, 149-171.

Pano Alamán, A. (2023). "Series enumerativas y populismo en el discurso político español en Twitter", M. Roitman, M. Bernal, Ch. Premat, F. Sullet-Nylander (eds.), *The New Challenges of Populist Discourses in Romance Speaking Countries*. Stockholm, Stockholm University Press, 283-301.

Paskhalis, T. y Müller, Ch. (2017). "The Role of Negation in Political Text: British and German Electoral Campaigns", *AQTAC* 2017, https://www.jackblumenau.com/aqtac_2017/paskhalis_mueller.pdf

Real Academia Española (2009). "La negación". *Nueva gramática de la lengua española*. Madrid, Espasa, 3631-3713.

Roitman, M. (2017). "Negation and straw man fallacy in French election debates 1974–2012", en M. Roitman (ed.), *The Pragmatics of Negation*. Amsterdam, John Benjamins, 209-244.

Roitman, M. (ed.) (2017). *The Pragmatics of Negation*. Amsterdam, John Benjamins.

Sánchez López, C. (1999). "La negación", en I. Bosque y V. Demonte (coords.), *Gramática descriptiva de la lengua española*. Madrid, Espasa Calpe, vol. 2, 2561-2634.

Sanz, B. (1996). *La negación en español*. Salamanca, Ediciones Colegio de España.

Villar, P. (2021). "Retóricas populistas y derecha radical: las retóricas negativas", en L. Sini (ed.), *Retóricas negativas: la desinformación de derecha radical y su cobertura mediática*. Valencia, Tirant, 11-20.

Wilson, J. (1997). "Metalinguistic negation and textual aspects of political discourse", *Belgian Journal of Linguistics*, 11, 1, 69-88.

www.ingramcontent.com/pod-product-compliance
Ingram Content Group UK Ltd.
Pitfield, Milton Keynes, MK11 3LW, UK
UKHW021856290926
8980IPUK00005B/860

9 783631 907429